aella

attraction · elegance · love · learning · action

PINK
POWER
粉紅力

PINK POWER

CONTENTS

PINK POWER

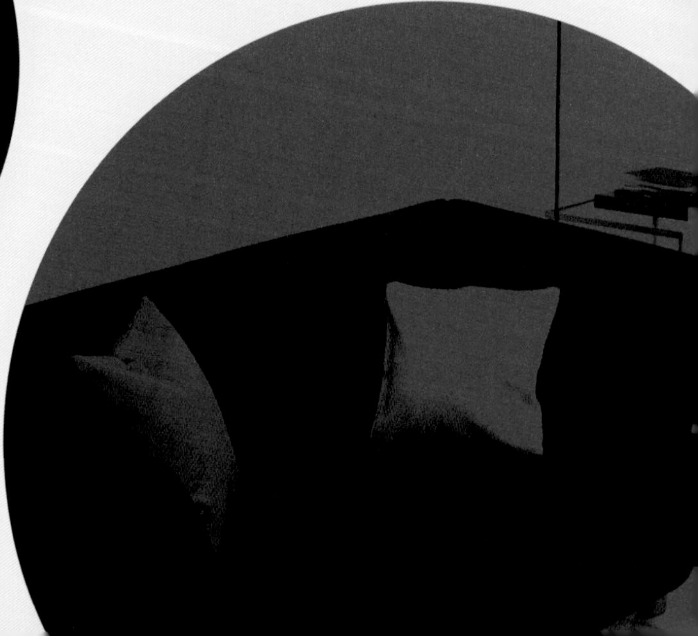

CHAPTER 4 生活粉紅力 PINK POWER IN LIFE

CHAPTER 5 心靈粉紅力 PINK POWER IN YOUR MIND

關於黃薇

黃薇，媒體封她為「時尚大師」，因為她是台灣時尚業界首位進入巴黎時裝秀後台，與國際級設計師面對面採訪，並於各大媒體發表專業評論的先驅。此外，從事設計工作、擔任各項比賽評審、籌劃大型時尚展覽等，更是黃薇令人驚嘆的專業表現。總是忙碌奔波於國外各個城市的她，近日，更致力於設計平台的推廣，企望將更多優秀、具創意的新人推展到世界舞台。

黃薇一路走來，儘管始終成為時尚鎂光燈的焦點，然而，與她近距離接觸後才發現，她俐落的智慧、明快的處事態度、精準的專業判斷以及朗透的人際關係，使得她的生命意象儼然就是一道會發散光熱的星光，永遠在時尚版圖裡展現三六〇度的閃耀。

〔自序〕情不自禁愛上粉紅

我為什麼要寫粉紅力？我想大家都不能忽略顏色的力量。當然，每種顏色都有它不同的心理學層面或視覺上的影響力，甚至還有人說有療癒的作用。那我為什麼寫粉紅顏色呢？因為從顏色來看，不管男性、女性和老少，大概沒有什麼人不覺得自己是夠溫柔的，也沒有什麼人不能用到一點粉紅。

在我們的生命或生活中，粉紅是不可或缺的。我們先從食物來看，只有新鮮的東西才會呈粉紅色或粉紅暈，所以，它代表一種新鮮度，代表健康。嬰兒出生後的肌膚呈粉紅，它代表新生的力量。女人用一點粉紅色的口紅，永遠可以把好氣色帶在臉上；看到男人穿粉紅的時候，會讓人對他馬上增加好感，你會知道他不害怕溫柔的顏色會奪去他的陽剛味。這表示他們自信心十足，所以他才不害怕既成印象的力量，這反而增加了他的能量。

粉紅對我來講，是溫和不具殺傷力的。它的力量是漸進，然後可以重疊，它可以醞釀成一股很溫和但很龐大的力量，它甚至代表我們待人處事的方式，有時不要那麼的強迫性或具侵略性，甚至不需要那麼大聲的宣告。粉紅對我來講，具有這樣的象徵意義。從新生嬰兒、食物來看，我們怎麼樣判斷新生命是不是健康的，或者我們每天要如何把健康的元素放在我們的口中，我們才可以維持健康的生態或生命裡的一種運轉，我覺得它是一個指標，也是與生俱來的本能判斷力。

粉紅色也是讓人卸下心防的顏色。它可以營造一種親和力，令人情不自禁想多看一眼或願意親近。尤其男性使用粉紅，多數會引起我們的注意。你會覺得「嗯，有意思。」願意多看他一點，看他怎麼用粉紅。這和選擇是很有關係的。我們看男人穿粉紅襯衫或polo衫、條紋襯衫，甚至令我印象很深刻的是粉紅色眼鏡框。我觀察到一位國際上的CEO，他一身嚴肅的顏色，眼鏡框卻是粉紅色的，這令我非常、非常的好奇。你本來覺得他應該是個人高馬大、很嚴肅的人，因為他用了這樣的粉紅色鏡框，你會覺得他內在的那一面正在告訴你：「你要看穿我的嚴肅面，我也有一顆温柔的心、温柔的一面。」

粉紅多數會帶來喜悅和好奇。不過也有人表示，很難找到自己喜歡的粉紅。這種情形其實就像溫度一樣，有些人在冷氣房要十六度，有些人則是要三十度才覺得舒服，粉紅溫度是很多樣的，色差一點點，就會呈現出不同的效果。因此，我們很難一概而論，什麼粉紅就是最適合的，或是哪種粉紅才是安全的？我建議試圖要找到自己喜歡的粉紅的人，不妨從局部粉紅下手，譬如，男性可在西裝內裡或袖扣加入粉紅的元素，這麼做，雖然顯得很不經意，甚至要經過撩撥提醒，或是微風吹動，才能察覺粉紅的存在，但是這樣的粉紅搭配卻是很有趣的，它可以與旁人產生微妙的互動，同時又小小滿足個人有一點show off的情緒。

總之，要找出屬於自己的粉紅力量，是需要不斷的摸索和試驗的。在粉紅勢力深入我們日常生活之際，不論冰箱、小汽車，或是經典卡通玩偶的誕生，都可以看到它對各行各業產生的影響。在粉紅的發想下，原本童話故事的意象以不斷變身的方式，正以驚人的速度滲透在許多生活必需品上。你做好準備了嗎？讓我們在生活、情感、心靈、時尚等領域，一起發現、品味與享受魅力無窮的粉紅力吧！

WHAT IS PINK POWER

何謂粉紅力

CHAPTER 1

PANTONE® 196	PANTONE® 187	PANTONE® 198	PANTONE® 199	PANTONE® 200	PANTONE® 201	PANTONE® 202
PANTONE® 203	PANTONE® 204	PANTONE® 205	PANTONE® 206	PANTONE® 207	PANTONE® 208	PANTONE® 209
PANTONE® 210	PANTONE® 211	PANTONE® 212	PANTONE® 213	PANTONE® 214	PANTONE® 215	PANTONE® 216
PANTONE® 217	PANTONE® 218	PANTONE® 219	PANTONE® Rubine Red	PANTONE® 220	PANTONE® 221	PANTONE® 222

不一樣的編號代表不一樣的顏色，也許只有1%的差別，那就是不一樣

PANTONE® 223	PANTONE® 224	PANTONE® 225	PANTONE® 226	PANTONE® 227	PANTONE® 282	PANTONE® 229

粉紅平等

相較於其他顏色，粉紅色給一般人的負面形象充其量不過是有些墮落的色情場合，用了極具挑逗力的粉紅；或是一般人說的桃色糾紛、桃色陷阱或桃色緋聞，不經意地和粉紅搭上了關係。不過，更多時候，粉紅總帶給世人美好的記憶，像是粉紅炸彈或是高齡者過世，甚至喪家想讓往生者温柔地和世界告別時，靈堂上也會一改傳統的白色氛圍，而採用淡淡的粉紅佈置會場，這時，粉紅更是充分發揮了它安定的、安詳的、温和的、平靜的基調，達到一種粉紅平等、粉紅中庸的境界。

所以說，粉紅是一種具有人性的中庸色，而米色雖然也具中庸特質，卻不似粉紅帶有人性的、包容的感情，這也是為什麼時尚界進行多年的乳癌防治活動會以粉紅絲帶作為徽誌，而婦產科及嬰兒房的護士特別選擇粉紅制服的原因。

生命從生到死，一路有温存的粉紅相伴，如此美好的過程，真是一道令人歡喜的粉紅驚嘆號！

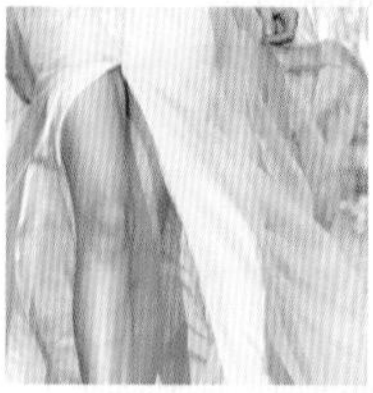

配色事典　淺粉紅／淺黃色

根據維基百科記載，粉紅色是由白色和紅色調和而成的顏色，在調和過程中，因為比例分配不同，使得粉紅色也有了桃粉紅、橙粉紅、灰粉紅、酒粉紅、櫻粉紅等面貌。翻開全球公認的PANTONE國際色卡，單是粉紅色便有數百種深淺濃淡不一的種類，以大自然孕育而生的櫻花來說，便多達八百多種，這就是為什麼從古到今，色彩始終有趣迷人的原因。

粉紅注釋

舉個例子來說，當我們以大紅加上１%的白色調製粉紅色時，如果再加上一點點不同比例的藍，就能創造出無限可能的粉紅色，英文說shade of difference，輕微的不一樣就能產生巨大的變化，這個道理何嘗不是反映在做人處事的拿捏上？

孔老夫子所說：「毋意、毋必、毋固、毋我」這「四絕」就是這個道理。當人生放下了既有框框後，產生的變化和彈性就會無限龐大，對照在紅色和白色相遇後生成數百種粉紅色的過程，更是讓人理解到其中奧妙。英文說gradation，同樣一個粉紅色，因為明暗深淺不同，以至於形成了各種層次的粉紅色。

就像溫度一樣，計量表上超過或短少一條線時，常常就會變成另一種面貌。有時候，儘管只是多了一度，也許就跨越壓力臨界點而面臨崩潰局面。反之，少了一度時，可能就無法到達爐火純青的火候。所以，從溫度、顏色的觀點反映到心情方面，一個人能夠承受的壓力、自我挑戰的極限或勇往直前的耐力究竟有多少，必須拿捏得當，才能達到圓滿平和的境界。

以燒窯為例，我們常說，有所 「成」的關鍵在於精準加溫到某一種程度，而大紅其實已經燒到炙熱，再持續加溫就走調成了紫色甚至青色。因此，溫柔的粉紅色何嘗不是在提醒我們凡事要秉持中和或調和，也就是合乎適時、適地、適物的中庸之道！

將色彩心理學應用到空間方面，一般空間裡存在著太多影響情緒的因素，無論目的在於激昂、刺激、安靜、舒緩或浪漫，掌握「色溫」絕對是重要關鍵。小嬰兒的房間為何經常使用淺淺的粉紅色？因為孩子每一分鐘都在茁壯成長，所以，他們需要靜謐的空間，讓生命力足以在不受干擾的狀態下充分滋長、發揮。就像古典音樂為何經典而耐人尋味？因為無論是聽覺或心靈想像，它都具有很大的空間，讓聽者能夠在聆聽過程中，享受身心靈自我揮灑的悠遊自在。

反之，假使父母給了嬰孩一個色彩濃郁的房間，或許，孩子長大以後，潛移默化中便養成了強烈的個性。所以，萬事萬物並沒有絕對標準，想通了這個原則後，就能理解為何同樣一種粉紅色，竟能衍生數百種變化的原因了。

粉紅由來

談到粉紅色的由來，先看看歷代詩詞歌賦中「桃李春風一杯酒」、「會桃李之芳園，序天倫之樂事」、「桃李不言，下自成蹊」以及「春風桃李花開日，秋雨梧桐葉落時」這些大家耳熟能詳的句子，就能概略了解這些擷取自大自然的桃紅風光，字裡行間蘊藏著多少只可意會、不可言傳的意境，而這也充分反映了中國人鍾愛桃紅更甚於大紅的心思。

在傳統中國絲綢、刺繡中，常常能發現許多桃紅色，因為這個顏色裡包含了無盡的柔情和愛意，在穿引一針一線的過程中，就像在畫畫甚至寫情書一樣，特別是傳統社會不鼓勵女孩子讀書識字，因此，她們便將所有心意和情感都表現在其中，無論是小香包、手絹等信物，只要繡上一些桃紅絲線，就能代表一種相許情懷，這就是為什麼由中國人來詮釋桃紅色，總是更具說服力的原因。

我常認為大自然提供了我們許多藝術美感，尤其是中國女紅特別能夠印證這個道理。例如，在一般刺繡中，不但可發現各種花朵顏色，躍然其中的蜻蜓、蝴蝶、蟲魚、鳥獸等自然萬物，同樣是擷取大自然的素材。

即使是現代生活中非常人工的霓虹燈，深究緣由其實也是來自於螢火蟲的螢光色彩，以及蜻蜓那對閃動透明螢光的翅膀。霓虹是一種耀眼，也是一個提醒、一種聚焦，所以，螢光燈常常是高度機密的象徵，目的就在提高你的注意力。由此可知，運用顏色時，基本上應該放下個人好惡，完全視時機而定。

配色事典 淺粉紅到咖啡紅漸層

至於有人會將桃紅與龐克之間作一負面聯想，事實上，龐克精神是一種推翻創新、不拘泥於舊制的革命精神，而非刻意搞怪、叛逆的行為，大量運用桃紅色目的在於擄獲世人的視覺焦點，告訴大家他們有話要說。只是之後受到誤會和曲解，導致有些人雖然腹中了無新意，只因為言行思想隨便沾上了一個革命的邊框，任意喊了句：「我有話要說」後，便在不求甚解下濫用了「龐克」名詞，讓桃紅遭到了無辜的曲解。

我們常說，同樣是破壞，如果毀壞後有創新的建樹，這種破壞就具有正面意義。假使在缺乏正念下一味地為了破壞而破壞，那麼就失去了革命的神聖精神。文革帶給後人的教訓便是整個體制在尚未通盤考量時，便全數毀壞既有一切，所以，回歸龐克的桃紅意涵，它其實是一種爆發力的粉紅，具有轉圜暴力的空間，何謂「爆發力」？很有思想、藝術作為且足以擔負起社會責任，就是一種爆發力，反之，則是暴力行徑。

除了龐克的聯想，粉紅色通常也被視為是女性色，事實上，粉紅魅力原本無分性別，但是，根據全球不成文的遊戲規定，當嬰孩誕生時，粉紅色總是被認定該給女生，而小男生則被賦予了藍色標記。假如自今而後打破這個傳統窠臼，把白色給了男孩，小女生則歸屬於黑色，一切是否又有所不同？

我想，這種藍與粉紅、男孩與女孩間的關係是一個歷史，至於這歷史根由或肇始成因，一切不可考。也許，最初是因為醫院恰好有著粉紅與藍這兩種可作為識別的色系，於是，在嬰孩一律包裹尿布的前提下，為了便於識別，大家依照下意識裡對顏色的反應，把代表學習、開闊、創新意涵的藍色手環掛上了男孩的小手。再加上宇宙自黑夜、白晝到晴空萬里，天際總是緩緩吐露一絲淺藍、深藍至湛藍，這種象徵一日開始的顏色，彷彿理所當然應該等同頂天立地的男性。

至於小女孩與粉紅的關係，淵源應該來自於粉紅就像新生兒的肌膚，柔軟嬌嫩、純真無瑕地毫無污染，而女孩子予人的感受往往就是這般。於是，經過醫院制度的建立，再透過商業行為的大肆渲染、文學家的信手書寫及畫家的彩繪，粉紅和女性、藍色與男性之間，便如此狹隘地被界定成局。

粉紅與同性戀

男同性戀者雖然經常使用溫柔的、帶有女性特質的粉紅色，不過，綜觀近幾年的時尚舞台，許多POLO衫、毛衣等都大量運用了櫻桃粉，而這個來自於大自然水果中的顏色，基本上已打破了性別窠臼，成為一種廣受歡迎的中性色。

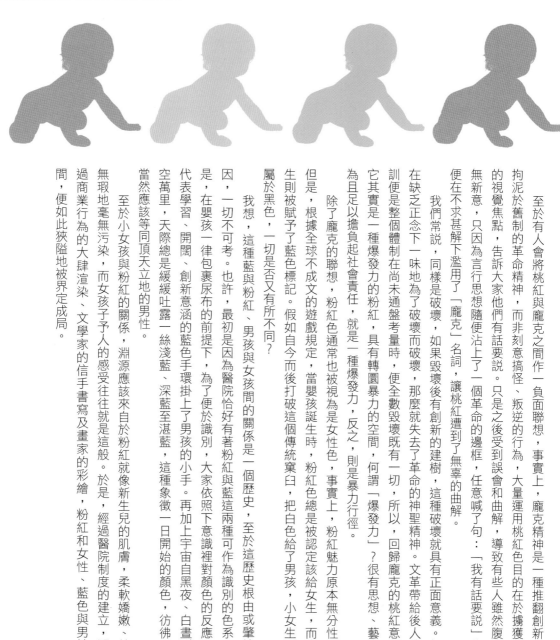

粉紅 症候群

配色事典　粉紅／淺藍綠色

粉紅色原本應該是男性、更是女人的秘密武器，但是，仔細環顧身邊周遭，卻不乏害怕粉紅色、患有「粉紅症候」的女性，探究其因，原來，當我們崇拜或喜歡什麼人或物時，通常是因為我們看到此人或物的權力、優點、能力、正氣或端正等特質，而患有粉紅症候的女性，則因為記憶中存有粉紅負能量，使她們認為粉紅會讓自己成為一個弱女子甚至辦公室裡的「花瓶」。

其實，弱不是壞事，但是，明明可以自我成長，卻因為自己不精益求精、不力爭上游、不自我學習，反而鎮日無所事事，只知道在外表上大作文章甚至在人我間搬弄是非，以至於淪為蠹蟲般被他人鄙視、不尊重，甚至導致女人全面性被物化，這些「始作俑者」絕對要負起責任。

當這群只知享受的女人第一天利用粉紅色時，或許會讓旁人覺得她漂亮，不過，經過幾年後，這些人的劣根性慢慢顯現，卻仍舊我行我素一心賣弄粉紅，這時，粉紅色就具有了殺傷力。換句話說，一旦粉紅力與這類女性強烈結合時，粉紅便會形成負面能量。因此，為何有些女人不敢親近粉紅，原因即在於這個顏色讓她們有了負面聯想。

記得當時名噪一時的立委與女星戀愛事件甚囂塵上時，女主角在機場被拍到的那襲粉紅娃娃裝及漁夫帽後來為何會滯銷？也許，在那個娃娃裝大肆流行的季節，很多女性心裡還在盤算、想像自己穿上娃娃裝的可愛模樣，不過，受到新聞事件的影響，大家只好紛紛避開那件粉紅娃娃裝。就這樣，原本可能是流行寵兒的單品，最後還是被打下了時尚地獄。

事實上，粉紅娃娃裝本身是無罪的，就像粉紅色絕對不是「花瓶」的專屬色系，只不過被附加於某人身上，便莫名其妙地背負了莫須有的罪名。不過，時尚就是這麼可愛，哪一天，只要一個專業、時尚或有能力的女性穿上了它，粉紅娃娃裝又復活了。

好比榮獲奧斯卡女主角獎的芮斯薇斯朋在「金法尤物」這部電影中，雖然是個酷愛粉紅裝扮的法律人，最後，仍然在法庭大獲全勝，原因便在於當一個具有專業長才的女性面對各種環境時，若能招招是招、字字帶刀，俐落的身段加上溫柔的外表，絕對是打破花瓶說最致命有力的組合。

另一方面，假使一個女性在成長過程中，經常被提醒女孩子不可以這樣、不可以那樣，那麼，當她下意識地對攸關女性的一切連番說出不、不、不時，通常粉紅色難免也會招致被拒絕的命運。

我認識一個不敢吃魚的朋友，他對魚類的恐懼和排斥，已然嚴重到不敢看魚的地步，原來，這位朋友小時候曾經吃過一尾不新鮮的魚，造成了他對魚類味道、面貌及種種相關的不愉悅記憶。後來，他看到我們這群朋友不但津津有味地享受著鮮魚美味，甚至還大快朵頤地吃起了生魚片時，禁不住好奇心的驅使，小心翼翼地挾起了一塊生魚片，嚐過之後，他大吃一驚，怎麼世上竟有如此美味且新鮮的魚肉？沒想到，就是這口鮮魚，矯正了他對魚類的負面記憶，現在，這位朋友成了我們食客中最喜愛享受鮮魚滋味的人。

我常常提醒自己，日常生活中，永遠要記得每天接收到的好訊息，至於不好的人事物，也千萬要記得再給他們三次機會，因為，也許在某個當下，我被引導看到或經驗到不好的面向，或是可能在那一天我的運氣欠佳，遇到了突發的不良狀況，導致整個結果不如預期。不過，記得再給自己和對方一個機會，也許，一切就會令人驚喜改觀。

要徹底改善「粉紅症候」也應該用相當的態度和方法，放下心中既有的粉紅負能量，試著再給粉紅色和自己一個機會，也許，未來的生活會因為粉紅力而有了不同的精采。

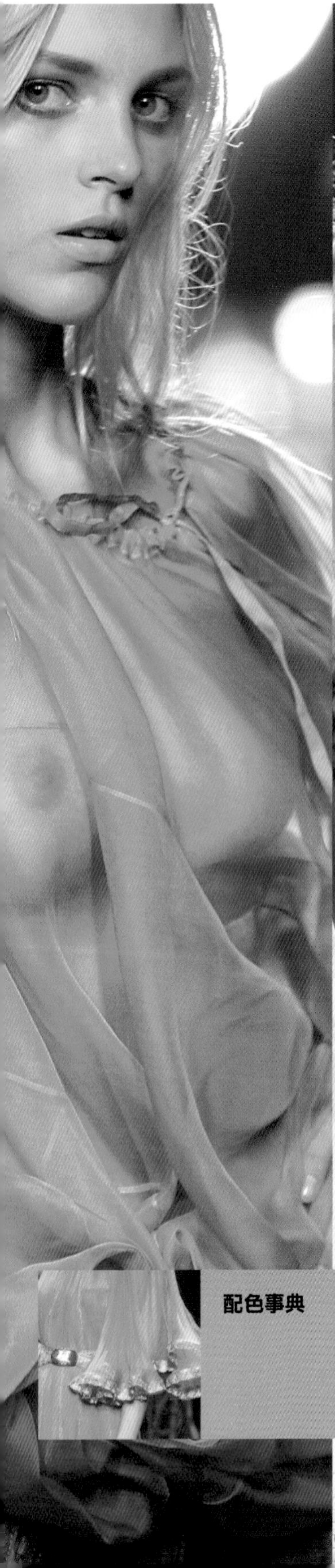

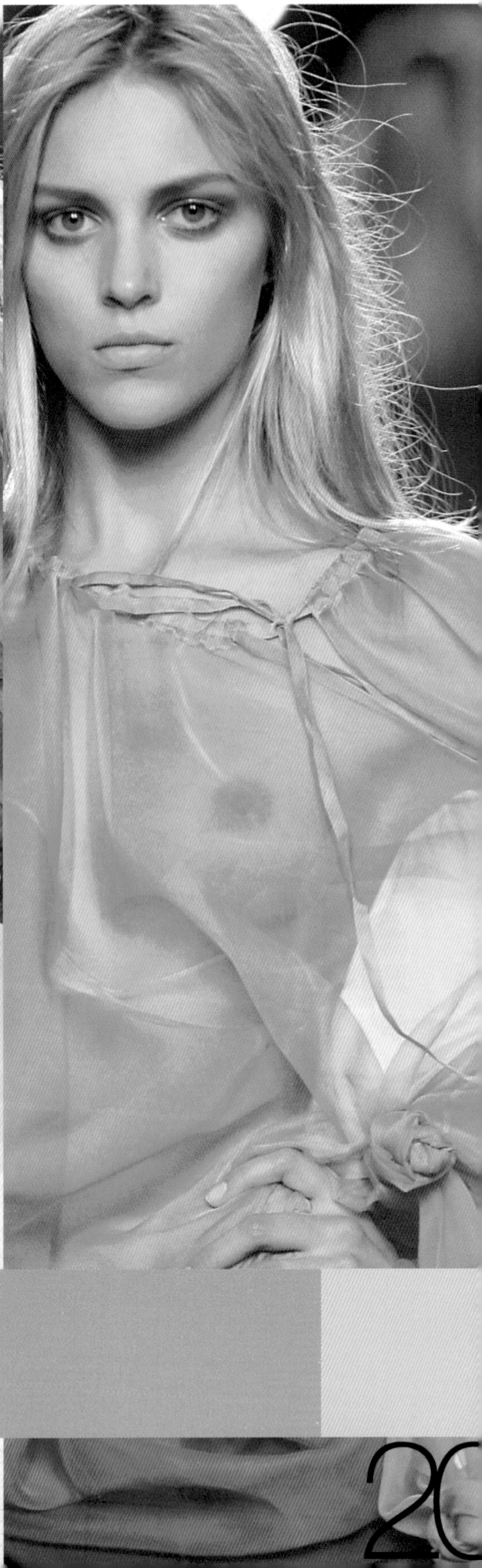

配色事典　粉紅／亮金色

粉紅乳暈的迷思

在藝術照片或畫作中，經常可以看到女生的粉紅乳暈，儘管大家都喜歡也愛看粉紅乳暈，但是，由於乳暈的顏色受到了基因色素的影響，所以，天生色素較重的人，大可不必為了粉紅乳暈的迷思，尋求各種可能對自己造成傷害的方式，只為了乳暈上的那抹粉紅。

特別是乳頭上佈滿許多敏感腺體，一旦處理失當的話，也許會導致乳癌發生率的提高，所以，在還不清楚漂白、漂淺、雷射或塗抹其他化學藥品有何副作用的前提之下，最好還是謹記「粉紅警告」，千萬別輕忽這抹刻意追尋的粉紅對健康造成的威脅。

有些人認為，乳暈呈現粉紅色才是處女，這是男性沙文主義下的產物。乳暈的顏色變化只能自我比較，處女時和懷孕、哺乳後，乳暈的顏色本來就會改變，不過，究竟要多麼粉紅才是一般人所謂的處女型乳暈，基本上並無一定準則。那些以畫報或藝術照為標準的人，只能説，是一種偏差情結作祟！就像手捧雜誌要求化妝師在自己臉上化相同的妝；要設計師剪出相同髮型的顧客一般，分明自己的五官、頭型、髮質與雜誌上的模特兒不一樣，卻要求作出相同造型，可能嗎？

當某些女性受到「處女情結」影響，希望能夠讓對方覺得自己是處女時，粉紅乳暈就成了一種工具，至於這些人究竟打著什麼樣的算盤用什麼心態去做什麼事情，因為我們看不到、不了解，也就無法得知背後真正的原因。只是，很多事情要適可而止，為了年輕貌美而拉皮、隆乳、抽脂，我個人一點都不反對，但是，對於追求粉紅乳暈這件事，既然不可能做到，為什麼還甘冒健康危險執意要做？

另類粉紅光環

除了天真、可愛、搖滾、性感、熱情、冷豔外，
粉紅也可以是很台的、刺眼的、很噁的、邪惡的粉紅，
就像在台灣紅極一時的檳榔西施，她們所使用的粉紅就是很挑逗的、俗夠有力的，
而這些粉紅色用在她們身上，高度發揮了一種視覺震撼的效果。
我們常說無論是好品味或壞品味，都勝過沒有品味。
就像我們所以會對某些人的穿著打扮產生好奇心，進而引發想看的慾望，
原因可能在於他的漂亮、好看，也可能是因為他那令人不敢恭維的誇張裝束，
但是，這些都比被忽略、無法引起他人注目慾望的沒品味來得具有視覺吸引力。
因此，檳榔西施肯定是有品味的族群，因為她們的裝扮永遠受到眾人矚目，
但是，這種品味絕對不是高雅品味，而是一種很辣、很有樣子，
容易讓人看了之後情不自禁發出「哇」或說出「有沒有搞錯」的品味。
在她們身上，輕易就能發現一種「我存在、我有話要說、我穿故我在」的存在粉紅主義，
就好像穿上了屬於她們的粉紅衣，全身上下就會不斷對眾人散發「看我嘛」的魅惑力，
這就是檳榔西施最吸引人的特色。
再加上檳榔攤的霓虹燈多半也使用豔麗的、挑逗的、妖嬈的、情挑的粉紅色，
與檳榔西施的穿著兩相映照下形成的粉紅光環，同樣是存在主義的一種表現。
我女兒的同學回台灣度假，
離開前，買了一本「檳榔西施攝影集」作為送給男朋友的禮物，
由此可見具有高度台灣本色的檳榔西施，
她們所造成的粉紅光環具有多麼無遠弗屆的張力。

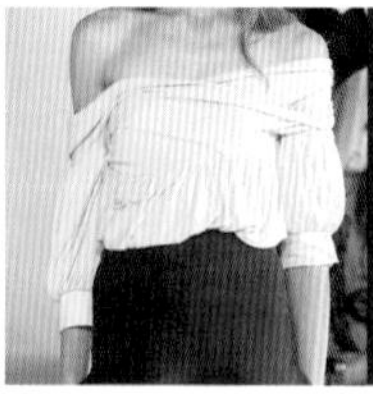

配色事典　粉紅／葡萄紫

（達志影像）

PINK FASHION POWER

時尚粉紅力

CHAPTER 2

蝴蝶結開始的粉紅設計

粉紅色被運用於時尚舞台，追本溯源應該從蝴蝶結而開始。

從早期的VALENTINO、NINA RICCI到現今的ANNA MARINARI、BLUMARINE等，可以看見蝴蝶結被廣泛利用，其中，又以粉紅蝴蝶結最常見。因此，粉紅色的時尚表現就從小小蝴蝶結開始，擴張到整體設計、圖案表現及卡通畫面，甚至YSL的模特兒以粉紅色系妝點身體和臉龐、CHANEL的粉紅套裝成了經典款代表等，粉紅色不斷出現的結果，證明了幾乎沒有一位時尚設計師不使用粉紅色。

不僅女裝如是，男裝也不乏粉紅蹤跡。特別是近10年到20年間，男裝設計的發展日趨蓬勃、花稍、多元，粉紅色的出現早已司空見慣。

事實上，早期男裝設計甚至較女裝華麗。路易十六時期的裝飾性裝扮，在用色上有著毫無畏懼的大膽氣魄，即使當時整個社會充斥著階層意識，非王公貴族的男性不被允許大量運用粉紅，但是，他們仍以點綴性的重點表現法，善加運用了溫柔的粉紅力。

粉紅色並非濃烈的顏色，在權力遊戲中，它較常被利用於勳章上的寶石等重點位置。畢竟粉紅存在的本質不在於嬉玩顏色，但是，一旦想藉由粉紅凸顯力量時，最好大塊面積使用它，因為唯有匯聚不具侵略的溫柔力量，才能發揮最讓人震撼、咋舌的力道。

配色事典 粉紅／淺灰／淺藍色

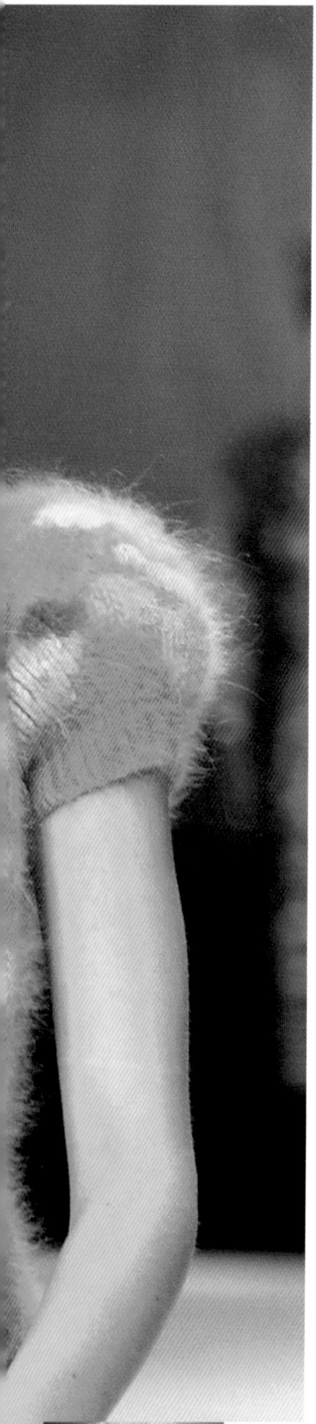

粉紅
少女時尚

現今人氣超旺的「可愛教主」楊丞琳，
是個粉紅氣質十足的女孩子。
當年，她參加全國性的美少女選拔時，
我就預言她會紅，而且會很紅，為什麼呢？
因為她具有小女孩卡娃伊的粉紅可愛，
特別是那天比賽時，她的父母也陪她一同前來，
看著她純樸無華的父母，得知她出生在這樣一個良善的家庭時，
我更印證了自己的直覺，心想「嗯，她真的會紅！」
因為她自內而外直接單純地表現出了屬於粉紅的純淨，
進而彰顯了難得天真的粉紅氣質，
讓人情不自禁地喜歡這個擁有鄰家女孩粉紅可愛的小女生。
日前，楊丞琳拍了一個飲料廣告，
片中她穿了一套粉紅洋裝，
在喝下手中那瓶粉紅飲料後，整個人從梯子上飄飛起來，
這就是一種粉紅心情，也就是因為粉紅會up up人的心情，
所以，心情一粉紅，
畫面中便出現了一個帥氣男孩，彷彿白馬王子從天而降，
這就是粉紅心花開的象徵！
有一天，再度看到楊丞琳，
我給了她一個「粉紅提醒」、「粉紅叮嚀」，
督促這個可愛的女孩無論如何「不要變！」
要永遠保有當年那一念純淨的粉紅氣質，
畢竟這份粉紅純淨是相當難得的特質。

配色事典　淺黃／中灰／粉紅

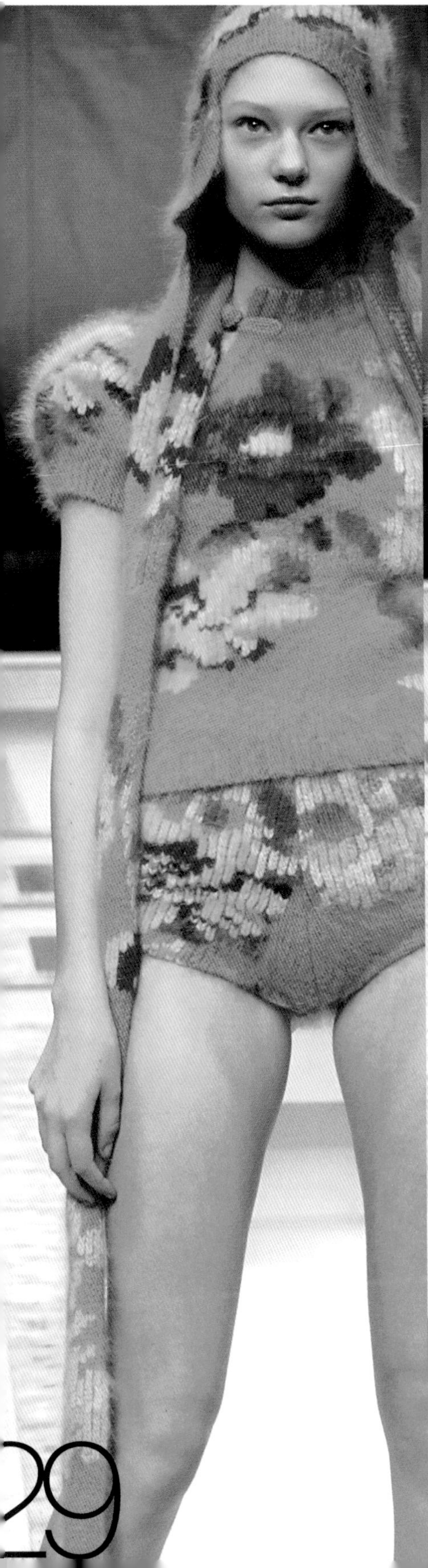

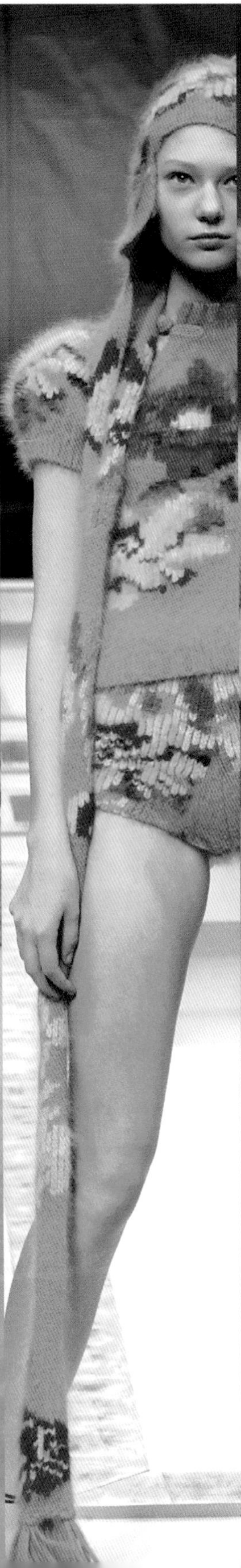

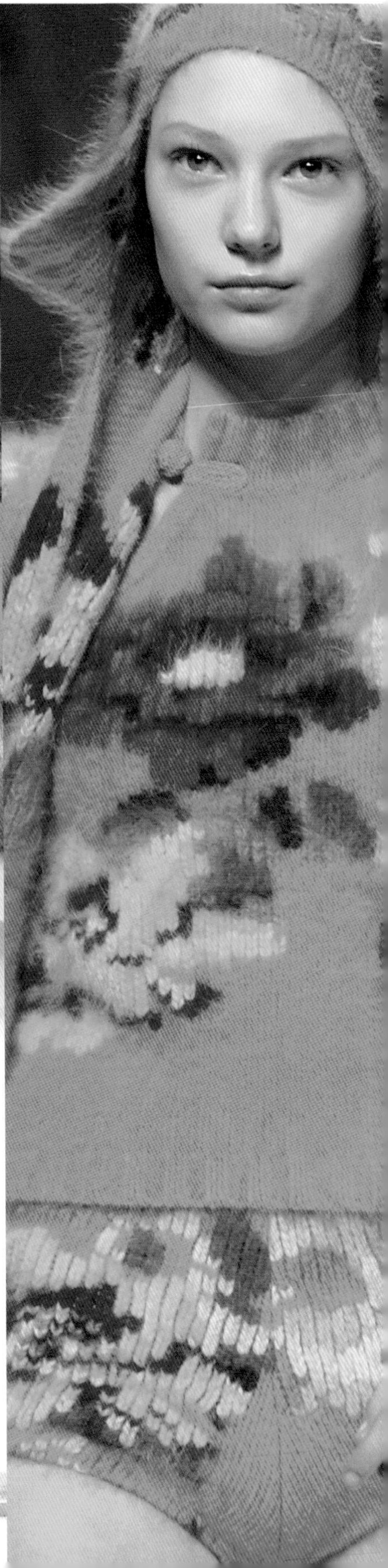

粉紅政治學

從擁有「中國小姐」的頭銜，到嫁給連戰成為連夫人，連方瑀一直是眾人矚目的焦點。在這段漫長的過程中，她最為人讚嘆的地方，就是她知道自己永遠是連戰背後的女人、孩子的母親，所以，她始終稱職地扮演著「粉紅夫人」的角色。

我們常說「路遙知馬力」，看看連方瑀陪同連戰前往中國大陸進行友好訪問的兩次行程，便讓人見識到她無窮的粉紅力量。

每當電視螢幕出現連戰和連方瑀的畫面時，連夫人總是溫婉地陪在夫婿身後，唯一一次與連戰平行的場合是連戰主動牽了連方瑀的手，這就是一般人說的，女人要知道自己的身分，知道在不同的場合扮演適當的角色，尤其是身為政治人物的夫人角色，更應該周詳、仔細地拿捏自己的影響力、所處位置及角色扮演，這方面的尺度掌握，連方瑀算是做得相當不錯。

另外，連方瑀也以她的年紀，為粉紅力作了很好的示範。

許多如她一般年齡的女性對粉紅懷抱著莫名恐懼，認為到了一定年齡，就該徹底與粉紅劃清界線，讓自己成為粉紅絕緣體。但是，我不免想問，此時不穿，更待何時？難道非要到與世界告別的那一刻才穿？其實，這個年紀的女性，人生已屆最溫柔、最沒有爭議的階段，所謂「柔能克剛」，連先生是多麼剛強的一個男人，無論外界的評價是主觀或客觀，然而，話不多的她自始至終維持自己的步調，不予任何回應。

我對連夫人的欽佩，還包括這些年來她在穿著風格上的調整。因為她聽得進外界的建議，在慢慢修正、整理自我之後，如今不但沒有任何可挑剔的地方，甚至時尚及媒體界還一致讚譽連方瑀的穿著品味，這就是她令人敬佩的溫柔粉紅力。

與連夫人有數面之緣的我曾聽她談起，她的自律不只表現在言行舉止上，甚至口腹之慾也一樣嚴格自我要求。這種毫無衝動的自律是非常不容易的！在外界以放大鏡檢視她的情況

配色事典　粉紅／黑色／棗紅色

下，她始終以低調、安靜的方法，將所有心情訴諸於字裡行間，閱讀她的著作，可以深刻感受她在文字外的種種情思，所以，當她穿上粉紅時，絕對足以相得益彰。另一方面，透過全球媒體的關注和報導，連方瑀的粉紅力量發揮得淋漓盡致，這樣的粉紅便達到了賞心悅目的境界。

我們常說，顏色在鏡頭前多麼重要，看看連方瑀在自律下維持的身材，搭配上粉紅套裝及帶有淡粉光澤的珍珠項鍊，還有她一貫保有的笑容和教養，讓人看了毫無任何不舒服的感覺。這時候，讓人禁不住想說，啊！連方瑀，妳真是粉紅力的最佳典範。

（達志影像）

粉紅靈感

多多觀察大自然處理粉紅色的魔力，就能從中獲取造型搭配的靈感。

以粉紅加上綠色這個來自大自然且極度中國的配色為例，每年盛夏，荷花池裡大片綠葉襯以粉紅荷花的動人風光，就是色彩搭配的絕佳表現。再看看相映成趣、朵朵桃紅花兒盛開的傳統客家花布，同樣充分應用了自然粉紅力。

當粉紅應用失當時，一般人常會批評為「鄉土」，其實，鄉土就是一種自然，一種樸實，內含有無限親切感。就像來自大地的竹子、泥土、石頭的顏色原本樸拙無華，但是，一旦聚集了許多樸實的顏色，以至於「花」得太過時，就容易淪為「土」的感覺，所以，顏色的運用與面積無關，而是受到髮型、妝彩及服飾等整體造型所影響。

一個繫有粗大辮子、穿著桃紅花布衫的女孩，人們絕對不會說她鄉土，反而會被她原始、陽光、動感的生命力所吸引。但是，當一個滿頭鬈髮的女性以大紅口紅塗滿了雙唇，一眼望去，還有深藍眼影、桃紅花布衫甚至穿金戴銀時，每個人必然會反感於她堆砌太多、色溫過高的「劣質文明」裝扮。

當桃紅上身時，其他元素就要儘量乾淨，這是比例問題。換句話說，如果粉紅或桃紅的顏色已經很醒目、很嗆時，再加上太多人工裝飾，自然就會出現令人受不了的「俗」樣。

前些日子，我送了一條桃紅緄綠邊的大圍巾，給一位善於繪畫的八十五歲老奶奶，她收到這份禮物時非常喜歡。其實，這樣的顏色組合，任何人將它繫在身上都會很好看，而一般人所以不敢用粉紅或桃紅，原因在於他們不知道該如何選擇配件。

我看到許多人穿上桃紅色服飾，會搭配一雙黑鞋子，這些人認為，桃紅已經夠醒目了，應該用低調的黑色才對。其實，這時候根本不需要收斂，而且，不恰當的收斂反而會毀了桃紅原有的亮麗。正確適宜的作法，應該是往同色系發展。如果你實在不知如何搭配粉紅或桃紅時，最安全實用的方法就是選擇牛仔藍。

牛仔藍是非常中國的一個顏色，就像藍布衫的藍染、紮染就是中國傳統的染色技巧。因此，深藍優於黑、灰色優於黑，咖啡色帶點紅色的酒紅搭配粉紅或桃紅，一樣勝過黑色配桃紅或粉紅的組合。

配色事典　膚粉紅／粉綠

粉紅搭配

我的衣櫃裡有一整排粉紅色衣物，很長一段時間，我只是單純地欣賞它們，而不穿它們。那段期間，黑色是我每天唯一的選擇，因為過度的忙碌讓我沒有任何時間思索任何事情，為了避免受到干擾，我選擇了沒有色彩的黑色。但是，每天早上打開衣櫥，我總會忍不住地看一下那整排粉紅色衣物。

所幸在那段一身黑的日子裡，至少我的內衣還是粉紅色的。

從以前到現在，除了劣質粉紅外，我始終不曾害怕粉紅，無論是粉紅皮包、鞋子、戒子、珠寶、毛衣、洋裝甚至粉紅長毛的蒙古羊毛大衣等，和它多年來和平共處的美好經驗，使得它自始至終帶給我許多正面的能量，對於各式深深淺淺的粉紅，我甚至比以前更愛它們，尤其是鞋子、包包、飾品等粉紅配件，更是讓我無法拒絕它們的吸引力。我是個常穿素色衣服的人，這時，粉紅色的點綴往往能夠發揮畫龍點睛的功效，哪怕只是一只粉紅耳環、粉紅水晶甚至外套上的粉紅緄邊，都能產生偌大的能量。

我是一個從來不害怕顏色的人，但是，我深深覺得，每當自己用了粉紅色時，別人看我的眼光就會變得不一樣，而我得到的稱讚、美好經驗的指數相對地也特別多、特別高。同樣的，如果我看到別人穿上粉紅時，也會忍不住多看兩眼。

看秀時，只要模特兒身上出現粉紅，我就會格外注意，因為粉紅色要使用得恰到好處並不容易，一旦設計失誤，往往就會讓粉紅淪為軟弱無力的顏色，反之，如果將粉紅設計得出類拔萃，自然會令人想要研究、欣賞箇中學問。

同樣是粉紅色，濃淡深淺的些許差異，往往會形成shade of color的視覺變化，顏色有層次感，就會表現出不同感覺、風格及特色的粉紅。如果我們試著將肉眼可辨識的各種粉紅列出，必定有上百種層次的色調，再加上設計、搭配的不同，粉紅表情自然就呈現多元風貌了。

我有一雙ANNA MARINARI的鞋子，在咖啡色鱷魚皮的鞋跟及前端一片豹紋圖案鋪陳下，

配色事典　膚粉紅／桃紅

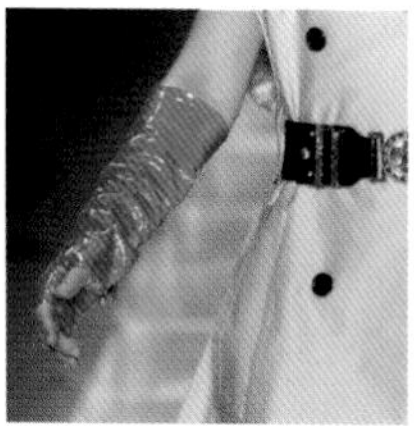

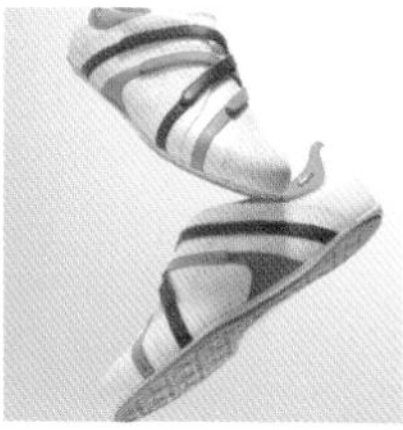

突然出現了一個如粉紅般極嗆粉紅的大蝴蝶結，如此神來一筆的設計，使得整雙鞋在性感的魅惑下，平添了幾許可口誘人的吸引力，因此，每次穿上這雙鞋時，我就忍不住想跳起舞來。

要巧妙運用粉紅色，前提必須先了解款式、材質及設計重點為何。一般來說，咖啡、灰、藍搭配粉紅色都很出眾，而男性穿上灰西裝、白襯衫，再配條粉紅領帶後更是發揮十足的男性魅力。另外，漸層式的粉紅、搭配牛仔藍的粉紅、淺粉紅加上淺藍，甚至很正的大紅配上粉紅、粉紅色搭上黑色或是粉紅條紋等，只要比例掌握合宜，基本上都能賞心悅目。

有些人選擇粉紅色時，往往以膚色作為考量標準，事實上，任何一種膚色的人都能選擇每一種粉紅色，重點在於你希望粉紅色營造出何種效果。

舉例來說，有些黑人選擇的粉紅會讓人覺得很俗、很嗆，但是，這種嗆似乎又具有引人注意的爆發力，就像螢光幕上的藝人透過影像輸送，觀眾會覺得他們身上的顏色具有非常搶眼的視覺效果，但是，到了現實生活中，相同的色系卻不見得能夠產生一樣的效應。所以，同樣是粉紅色，我常常指稱那種嗆辣的粉紅是「賤粉紅」，而這個形容詞若加諸在自己喜歡的人物身上，是一種帶有狂野、超辣、酷勁、具吸引力的正面讚嘆，反之，若形容阻街女郎時，這三個字便寓含了色情意味。

所以，選擇粉紅時，不妨先考慮各種質感、深淺、濃淡的粉紅帶給人們的感受，再斟酌自己的身材比例以及想要散發的感覺後，再作最後決定。

粉紅的組合實在太多了，小至耳朵上一點粉紅色的半寶石，大到全身粉紅，或是在清一色的黑中，出現了粉紅色的指甲，那麼，指尖上那抹粉紅就會顯得格外璀璨。所以，粉紅用得巧妙，就會從原來的配角地位一躍而成為主角。

由於我喜歡單一色系，因此，曾經有過全身粉紅而贏得所有人稱讚的經驗。事實上，無論是同一色調的粉紅或三種色溫以上的多層次粉紅，只要比例掌握合宜，誰說整體造型中不適宜同時出現三種以上的顏色呢？

粉紅 Style

粉紅時尚，其實可以分成八個類型，分別是可愛粉紅、嬌媚粉紅、妖艷粉紅、温柔粉紅、浪漫粉紅、震撼粉紅、清新粉紅和無邪粉紅。

1. 先來說可愛粉紅，像是蓬蓬裙、紗裙，就是這類型的代表。Hello Kitty頭頂上的蝴蝶結，讓我們直覺反應，怎麼會那麼可愛。讓人想輕輕擁在懷裡的，都是可愛粉紅。

粉紅從來就不曾褪過流行。每一個時代，多少都可以找到它的身影。在男性服裝上也被大幅運用。像是粉紅蝴蝶結，從可愛到嬌媚的變化，端看穿衣的人怎麼巧妙搭配。

2. 嬌媚粉紅經常出現在成熟女性身上。女人用粉紅，自然顯得很嬌媚、婀娜多姿。嬌媚粉紅偏向典雅線條，較常出現在粉紅套裝、洋裝上。可以呈現性感到端莊的感覺。搭配時，適合深淺粉紅的組合。

嬌媚粉紅在時尚舞台上，Valentino、Lacroix是相當經典有名的。Sonia Rykiel也出現過比實體碩大許多的粉紅花設計。

3. 妖艷粉紅，有些粉紅荷葉、高衩、露背露胸線的設計，有些內衣露乳溝處點綴粉紅蝴蝶結，就顯得很性感。這類的組合偏性感、裸露，是屬於較為極端的搭配。例如黑色搭粉紅，就極具挑逗性，不過這類性感的style並不適合外出穿著。

4. 温柔粉紅的質地柔軟、優雅，搭配的顏色對比不那麼強，屬於軟性、舒服的感覺。在温柔偏淡雅的色調下，給人清爽舒服的印象、讓人願意接近。像是粉紅睡衣、polo衫

配色事典　粉紅／灰藍色

即是。不論男女都可運用這種粉紅polo衫。

5. 我們覺得，戀愛時帶粉紅色溫的一些元素，是非常需要的。這時，浪漫粉紅的存在，就具有催化作用。浪漫粉紅是飄動的，不害怕別人觸摸的。這時，胭脂、口紅、高跟鞋帶粉紅光澤，便會讓人產生愛意。這就像剛初戀，想讓心儀的對象留下美好印象，是那種不帶妝般的化妝術，帶著光澤和滋潤感。

6. 震撼粉紅如字面意思，是對比強烈，令人無法忽視的效果。使用的粉紅是濃郁的桃紅。最常見的組合則是粉紅配黑色。它就像是舞台或看板，以引起人注意為主要目標。它的粉紅濃度極端對比，不然就是採取大片面積的呈現。桃紅非常容易引人注目。桃紅毛衣，幾乎是少不了的基本配備。

7. 清新粉紅較強調局部使用，有時它的粉紅是淡到像是洗過已有點褪色，它給人的感覺是很不經意的。舉例來說，像是編織的袖扣帶那麼一點粉紅，或衣服內裡緄邊，就能彰顯這樣的清新味道。它有點像是粉紅襯衫褪色，讓人忍不住想去嗅聞它的味道，有時又像是奶油蛋糕上的粉紅似有若無。它的存在像微風拂面，不知從何處而來，很是縹緲。它的視覺就像偶像劇般清純，是少女初長成的情竇初開，小baby學步時展現的笑靨。

8. 無邪粉紅是沒有任何隱藏的，像baby每個細胞全然的展開笑容。它是正點、擁有最多愛的，是無怨無悔的付出。它把粉紅印象拉到了極致，是全心全意的粉紅。

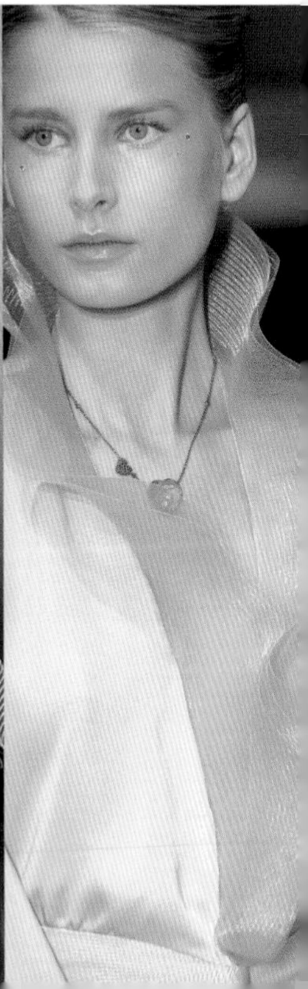

PINK POWER
FOR LOVE

情感粉紅力

CHAPTER 3

男人粉紅電波

粉紅色向來具有溫柔大度的特性，因此，不但一般女性選擇粉紅色時，備感嬌雅柔媚，即使職場上再剛強的男人，一旦親近粉紅色之後，那份溫柔自信也會格外彰顯。

男人選擇粉紅色後，那種不害怕旁人看到自己溫柔面的坦白，無形中也會為整體形象加分，不過，這個前提在於男人平日有著合宜良善的行為舉止。有些男人很厲害，仗恃大家對粉紅色的好感，心術不正地將它作為一種工具，這時，粉紅的運用反而會讓女性對他產生防備心。

不過，凡事都是一體兩面，儘管男人的伎倆被識破了，但是，被唬弄者通常會心甘情願地被利用，因為至少眼睛所接觸到的是溫柔、不具侵略性的訊息。換句話說，如果粉紅能在心術不正者身上發揮一些正面效果，那麼行為正當、舉止端莊或能力甚強的男人，在運用粉紅的力量時，必然受到旁人的擁戴和喜歡。

有些很man的男性朋友對我說，他們雖然會情不自禁地購買粉紅色服裝，卻不太敢穿，因為擔心別人覺得他們很娘！我告訴他們，試著鼓起勇氣穿上粉紅色，日常生活將更無往不利。這些男人疑惑地問，「真的嗎？女人不覺得很怪嗎？」我說，不相信的話，你們就當作我的實驗品試試看。結果，有男人在穿上粉紅色後愉悅地打電話告知我，「今天心情還不錯！」這就是一種心理學的過程。

我可以想像當天早上，男人打開衣櫥，想到我說「粉紅色會讓男人特別可愛、會讓人多喜歡你一分」的話，然後，他們真的讓粉紅色上了身，帶著好心情，他們走出家門，全身上下

配色事典　粉紅／淺金色

充滿著粉紅電波，經過某人的稱讚，這道電波被大力放送，男性能量因而被特別強化。

雖然也有男人會出現「粉紅娘娘腔情結」，其實「腔」代表的是一種聲音、調子和行為，如果男性自認平常的言行舉止和作風態度很男人味，根本不需要害怕別人會因為自己身上的粉紅，而誤解、漠視了你原有的雄風及能力。更何況現今世界上除了男性、女性外，還有第三性的中性，當中性甚至同性癖好的人都不再害怕粉紅，這時，愈是大膽採用粉紅的男人，愈能彰顯內心溫柔面，除非你真的害怕讓別人看到你內心的柔軟，或是根本沒有溫柔的一面，否則，粉紅色絕對不會讓男人陷入「娘娘腔」的誤解中。

郭台銘的粉紅溫柔

在公眾人物中，鴻海集團總裁暨創辦人郭台銘可說是男性善用粉紅的典範。

財力、實力和能力都很強的他，知道利用灰色搭配粉紅領帶及白襯衫的方法，柔化自己強勢的行事作風，讓大家明白他也有溫柔的一面，因此，只要是忠言、良善的建議，儘管大膽釋放出來。

這種利用顏色為人際關係預留後路、開啟一扇窗門的作法，不只是為他人保留一個轉圜空間，同時也是給自己一個彈性空間，提醒自己要胸懷大度地接納他人的才幹和建言，或是經由回饋、聯手的方式做到分享、給予，這就是一種非常良性的粉紅空間。

女人粉紅本性

我常常聽男性對我說，「妳真好命，每天只要擦擦指甲油，穿得漂漂亮亮地出現在party就好了。」不過，也有一些共事的工作夥伴表示，原來我除了外表感性外，還具有知性的專業。聽到這些話，其實我心裡既喜且憂。

喜的是我每天努力工作，縱然投入、付出的過程有時疲累不堪，但是，至少沒讓外界看到我的倦容，反而肯定我還具有女人的特質，這表示自己在這方面是成功的。憂的是如此一來，很容易造成他人忽略了我內在的專業。

我從來不是一個靠別人論斷而決定是否專業的人，獨立自主的我很清楚知道自己每天在做什麼事，因此，面對別人加諸於我的「女強人」稱號時，我都說自己不是女強人，是強的女人。就像我常常提醒女性，再怎麼堅強厲害，都別忘記做女人！

現在有許多事業有成的女性，在爭取兩性平權的過程中，忘了自己是個女人。事實上，女人該跟男人競爭的是工作、家庭及生活上的平等、自尊和互重，爭著當男人有何意義？況且，再怎麼爭，我們永遠也不會變成男人。其實，女人較男性多了許多別的東西，例如忍受力、包容力及堅毅不拔的特質等超越男性太多的優勢，但是，女人也不必要把這個部份經常掛在嘴邊，畢竟兩性本來就是不同的動物，與其一味地和男人較勁，女人更該在乎的是自我競爭。

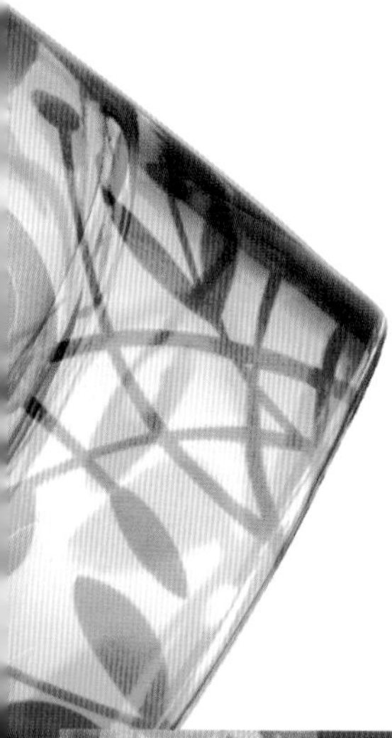

假如你準備得夠周全、能力夠強，又何必害怕散發女性魅力？事實上，每當我穿上粉紅色時，從早到晚的心情指數就會飆於高標準值，中國人說「柔能克剛」真是太有智慧了。一個有能力且永遠知道何時該做個女人，甚至比多數女人還女人的女性，善用粉紅力，就可以變成值得被愛、可以被愛的可愛女人。

粉紅色是無辜的！任何人都能輕而易舉地利用它，不過，正是因為如此，一旦面對粉紅不幸招致非善類的欺負時，一般人總忍不住想挺身而出地保護、捍衛這個顏色，甚至像我一樣想怒聲疾呼「你不配，把那個顏色脫下來」的正義之士，一定大有人在。反之，假使有人利用黑或紅色作為一種不太光明的工具，通常，我們頂多聳聳肩，一副看著一丘之貉旗鼓相當的模樣就罷了。

配色事典　暗紅／粉紅

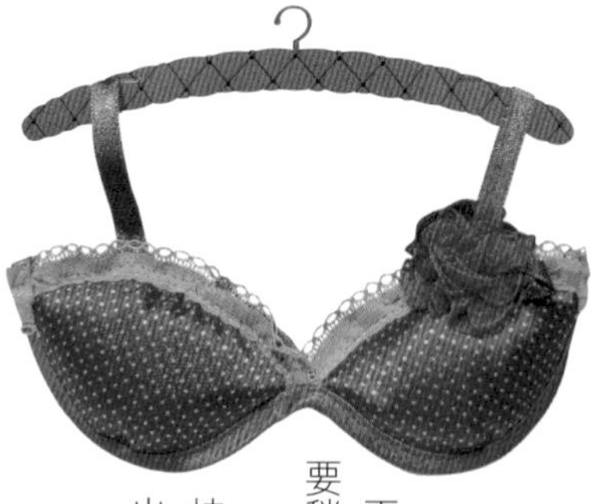

男人對女人身上的粉紅色向來是無力招架的！這個自然定律就像健康的肌膚總是透著淡淡粉紅色，而新鮮的食物更是被造物者賦予淡粉紅的光澤一般。

在所有口紅色系中，粉紅色通常是女性優先選擇的色系，之後，才會嘗試挑戰桃紅或其他更嗆辣的粉紅。而青春少女幾乎一致喜愛淡粉紅的唇彩，即使是偏黃、疲倦或黯淡的面容，只要稍微飾以粉紅妝容，瞬間就能變得年輕光采，這些都證明了粉紅色的確具有不容忽視的魅力。

不過，這並不代表女性只要隨意讓粉紅上身，就能輕易擄獲男人的視覺焦點。我曾經看過披頭散髮、不修邊幅的女性，在嘴上擦了一種極嚇人的粉紅口紅，這種負面感覺並非口紅色系出了差錯，而是這位女性奢望利用單一粉紅色來塑造自己的魅力，卻忽略了身上其他同樣重要的元素。

粉紅色雖然具有一定吸引力，但是，單靠某一小點的粉紅力，卻輕忽了其他更巨大的部份，反而會讓無辜的粉紅得到適得其反的效果。

其次，粉紅色若不幸出現在質料欠佳、作工甚差、花案不優甚至邋遢到入眠、靜止的flat地步時，那種沈到谷底的無力感，英文說put it to sleep把它葬了吧！不過，有一種粉紅睡衣在紗紗的、透明的、細肩帶的、超短的設計下，強力放送著性感魅力；還有一些女孩特愛的粉紅T恤睡衣，長度剛好蓋過小屁股，整個款式有一點合身又不致太合身，卻又能盡情展現身體曲線，這也是無比性感的表現。

另外一種潑婦罵街型的粉紅色睡衣，看到它，只想以打發的口吻說上一句：「去睏，麥吵啦」(台語發音)，這就是使用劣質粉紅的後果。可見粉紅色要用得絕妙，以至於能夠徹底發揮這個顏色的正面效益，材質本身具有關鍵性的影響力。

試想，就寢前，女人若穿上了潑婦罵街型的粉紅睡衣，很可能會聽到男人撂下一句：「去睏，麥吵啦」。反之，如果在一個浪漫夜晚，臥房內的桌燈飾以一塊濃淡及材質合宜的粉紅燈罩，當下整個氛圍便會自動釋放求歡訊息。可見無論是所處環境或自己身上，女性若善用粉紅光暈，時而上點淡妝，用一點腮紅，這時，男人會備感女人特好的情緒，了解她整個人沈醉在粉紅心情時，當下，這位女性必然會對眼前男人散發出一定的吸引力，這時的粉紅力就具有人性的、本能的、求歡的表現。

過去，從事內衣設計時，我喜歡在脊心或丁字褲後面妝點一顆小巧的粉紅心，別小看這顆指片大小的粉紅心，根據心理學研究顯示，臥房內若出現大量粉紅時，容易導致男人性無能，反之，畫龍點睛式的粉紅卻可重新燃起男人的性渴望。世事原本就沒有對錯的絕對差異，最大片和最小顆的粉紅都不能忽略它的力道。

不過，居家空間畢竟並非短暫停留的夜店或紅燈戶，需要利用整個空間的粉紅達到過度刺激感官的作用。因此，女性若想善用粉紅力點燃兩性熱情，建議以天花板、地板或局部折射的粉紅光暈，讓臥房充滿浪漫情懷。

另外，粉紅蠟燭、踏墊、拖鞋甚至一只髮夾等，都是提昇閨房樂趣的秘密武器。

配色事典 桃紅／牛仔藍／黑色

粉紅
催情秘招

從前社會要求女人「無為勝有為，無聲勝有聲」，認為「女子無才便是德」。我認為，現代女性較缺乏自我規範，雖然女人爭取自由、爭取所有的經濟獨立權是天經地義之事，但是，當女人在職場上早已證明自己的能力超過男人時，記得給自己一些調整，要有一顆粉紅的愛心。因為女人本來就是大地之母，包括同情、同理、包容之心，都在女人的粉紅力量裡，所以，不要為了爭取獨立自主權，而忘記、忽略了自己可以做個溫柔、可以被愛的女人。

粉紅娃娃聲

就像在職場上做決策時，女人的聲音可能會變得急促、快速而大聲，但是，這並不表示女人就該一直用這樣的方式和聲音說話。名模林志玲的嗲嗲聲是她成名的一個原因，但是，如今為了工作需求，必須調整發聲的方式。當然，有些人的聲音天生就比較娃娃音，不過，也許，當初不知道是哪一天，某個嗲嗲聲的女生突然發現這樣的說話聲會受到歡迎、會受人注目，甚至得到異性青睞，然後，慢慢的也就自然習慣了這樣的音調。

人是會變的！就像是小孩子流行講什麼話，這是流行語的一種。每個人都有屬於自己的流行階段，例如某個階段流行矯揉做作；也許做了母親要捲起袖子，學會承擔和保護；也許到了職場為了積極進取，又變得果斷俐落。這種在一段時間裡流行做什麼、用什麼、穿什麼、怎麼過日子的態度和方式，也是一種人生。

是非對錯沒有絕對的論斷。好比做決定時，因為整個人被時間壓縮到忘記了、沒有機會施展女人的粉紅力，所以，聲音變得不再溫柔，也許還會有點大聲、急促、果斷，以至於別人對你的印象可能帶有些許的負面評價。一個人在職場做事本來就不可能一直保有那樣的粉紅娃娃聲，就像在做決定時，你拉長著尾音說出：「你說呢！都可以啦」這麼一來，在缺乏有力決策下，那大家都不要做事了！

配色事典　粉紅／土耳其藍

粉紅權利

女人永遠不會感到滿足。被別人稱讚「妳今天好漂亮」時，她會說「可是我好像有點胖」；有人表示，「哇！妳今天的妝好漂亮。」妳可能會回答「可是我鞋子沒穿對」，女人對自己的要求實在太嚴格了，但是，這也是女人的「粉紅權利」，只要把不滿足變成粉紅的、比較撒嬌的、不具侵略性的，那就ＯＫ了。

女人要認清天性，尤其是面對常跟自己相處的人時，更要把自己變成是可愛的人。當女性知道自己有很難被討好、很難滿足的天性，只要把它變成是溫柔的、撒嬌的，那就是一種「粉紅權利」，而不是令人討厭的東西！

大家想想看，「撒嬌」必須是在自己很愉悅、很有粉紅心情時才會撒嬌，今天人家把妳氣得半死，妳撒嬌得起來嗎？所以，女人怎樣隨時把自己調回來，怎樣心平氣和地在「沒關係！好，把我氣得半死」的狀態下扭轉乾坤，這就是自我訓練！否則，硬要對方跟自己道歉，這樣不但會造成雙方僵持不下，妳也永遠得不到道歉，甚至還可能讓對方擺出臭臉，大家傷感情，幾天不說話。

我們常說，一旦跟人家有任何意見或不開心，以至於不說話時，一定要在半小時跳脫出這種心情。以前，生氣的時候，我可是要一個禮拜才能扭轉過來，現在，我隨時挑戰自己，把自己訓練到五分鐘、十分鐘就能扭轉乾坤，這很難做到，但是，至多一天吧！千萬不要讓怒氣、不開心進入睡眠。

尤其是跟異性相處久了，到了一種「平淡無味」的時候，常常會不開心。特別是在家庭生活中，面對伴侶、男女朋友，有時候為了無聊小事，也會導致不愉快、冷戰，或是你做你的、他做他的。我認為這種東西不宜常有。一旦兩個人的情緒、聲音有點上升，還摞下高八度音的「怎麼樣」，以至於彼此間的粉紅變成紅色警報時，就要特別提高警覺。

這時候，雙方之間並沒有輸贏問題，因為你可以搞清楚誰是誰非，或者根本是為了無聊的事情，不然，你想想看，一個人早上出門時明明不是這個樣子的，為什麼現在就變成這樣子了？是不是工作遇到什麼問題？或是純粹是肚子餓了，血糖低？如果一個人本來心情好好的，卻突然來了個臭臉，我都會問，「請問你最後一次吃東西是幾點？」假如他回答「我今天中午都沒吃飯」，那我就會說，「你血糖低喔！好好好，那你現在想吃什麼？」

凡事總要找出原因嘛，如果對方並不是生你的氣，何必跟著他的情緒走？如果他的確是

配色事典　白／粉紅

生你的氣，那就問他，「我說錯話了嗎」、「還是我做錯什麼事」，或者「我沒做什麼事」，弄清楚事情的來龍去脈後，假設對方確定不是在生你的氣，何必自我承擔，為了別人的錯把自己攪進去？

尤其兩個人白天各自去上班，再見面或講電話時，語氣很重要，如果一來一往都是「喂！」「怎麼樣？」「吃什麼？」「隨便！」彼此當然不愉快。反之，假如多一點撒嬌的咿咿呀呀聲，兩個人的對話變成「你想吃什麼？」「隨便你喲！」結果就會變得不一樣。即使對方回答「我還在忙」，你也可以表示，「那要不要等你？」或是明知要等上一個小時，你也可以接著回答，「還要一個鐘頭啊！要不要我等你？我可以等你喔！」對朋友我向來也是用這樣的態度和方式，就算我心情不好、肚子餓了，打電話找朋友吃飯，如果對方表示還要等兩個小時，我也會說，「沒關係啊！那我們各自解決！」

保持粉紅音調是非常重要的，特別是帶著笑意的聲調，基本上就是溫柔的、粉紅的，而笑開的、高一點的聲調，就成了另一種桃紅色，至於該用粉紅音或桃紅音，就得看你跟誰說話，如果把對付男人的聲音用來對女人說話，對方一定會反應，「你幹什麼啊?!」為什麼簡訊能夠確切地表情達意，因為字面上代表了情緒，特別是英文字的使用。我們常說，如果你對某個人有意見，只要把字母變成大寫，後面加上無數個！！！這就表示你在大聲宣告：「我告訴你，這很嚴重！」

女人要善用「粉紅權利」，就要學會聆聽；學會閉上嘴巴；學會自我篩檢應該聽、喜歡聽的話。舉個例子，今天你發現有個人進門的表情、說話的口氣不是很好，你可以溫柔地要求「倒帶！請你再出去一次，換一下心情再回來。」當然，你也可能遇到一個人，恰好遭逢一件很重大的事情，所以，面對你的倒帶遊戲，也許會排斥地大叫，「你神經病！」

其實，人與人之間的相處根本不要有輸贏，面對爭執或不愉快時，你以為當場音調比較大聲的人就贏了，所以，你就愈來愈大聲，下次，當你不開心，開始提高聲調說話時，對方心裡一定會想，「這個人太可怕了。」於是，索性完全不願意和你溝通，再下一次，別說根本不溝通了，別人連聽都不願意聽你講話，到那個地步，你才是真正輸到底了。

PINK POWER
IN LIFE

生活粉紅力

CHAPTER 4

粉紅情調

粉紅色運用在建築或室內裝潢時，同樣可妝點視覺及空間美感。就像西班牙、地中海或法國南邊許多建築物外牆上，大片粉紅色讓人印象深刻。

至於室內空間方面，小自一朵花大至整片牆，或是利用畫龍點睛式的方法，以沙發、桌椅、燈光、靠墊、地毯等單一物品的粉紅色烘托居家氛圍，都能發揮粉紅色獨特的聚焦吸引力。

有一位朋友，在全然黑白色系的居家空間中，特意擺上一張粉紅色的椅子，那份神來一筆的精采，實在令人讚嘆！

粉紅色的家具其實是滿值得投資的粉紅物品，雖然有人認為，粉紅色的家具容易髒、不易照顧。但是，我們對時尚品味的追求，總是不能因為害怕而不做，就像人不能因為受過傷害而不再戀愛一樣。因為怕麻煩而不願意細心照顧，就避開了粉紅色，那麼，你有什麼資格享用粉紅魅力？

在家裡，我喜歡用新鮮花束、盆栽增添生活樂趣。不過，因為現在經常旅行，有時我只能在台灣待上兩、三天，訂花或整理鮮花較不方便。最近有位朋友，只要知道我即將回國，便會貼心地送花束到家裡來。對於他的這份心意，我十分感激。

我喜歡白色、乳白色或粉紅色的單一花束，就像近日我開始喜歡一種淡淡粉紅色的小牡丹，因此，凡是朋友想送花給我，我都會告訴花店準備這種小牡丹。

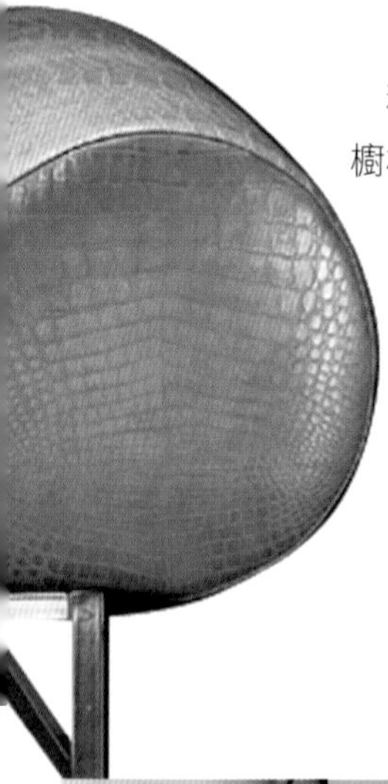

粉紅花束之外，我還買了一整卷的粉紅蕾絲緞帶，除了結成一個個蝴蝶結繫在衣櫥桿子上，搭配衣服時，有時找不到合適皮帶，我甚至會在自己身上綁個蝴蝶結。床單、床罩等寢具用品，我也經常利用它們玩顏色。

其中，有一個底色是桃粉紅，上面繡有金線及珍珠刺繡的靠墊，無論我的床單換了什麼顏色，也不管櫥櫃裡還有多少不同顏色、種類的靠墊，但是，這個桃粉紅印度刺繡的墊子，總是會被安好地放在床上。

我對於粉紅的喜好從很嫩的淺粉到桃粉甚至紫色，無一不喜歡。

粉紅色具有柔性訴求、高親和力及溫柔語彙的跨國性特質，使得中外沒有一個第一夫人不曾使用過粉紅，尤其是出席慈善活動時，粉紅更是她們不約而同的第一選擇。

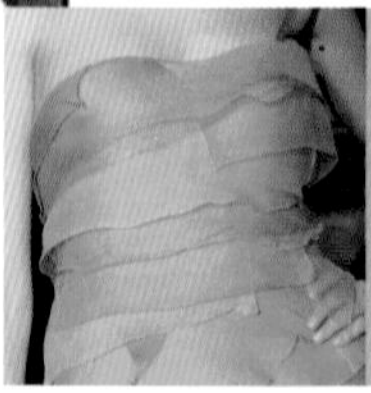

配色事典　淺紫色／膚粉紅

以前，我常常喜歡在家中宴客，
特別是情人節時，
我會在餐桌上放著寫上名字的粉紅色小牌子，
同時帶著粉紅心思，刻意安排誰坐在誰的旁邊，
然後，桌上撒滿了各式粉紅色的小糖果、心形飾物，
椅子後面則綁上粉紅色的氣球，
當天，每位朋友走進來時，都用「哇」的表情和聲音作為開場，
到現在想起那天的情景，
每個人「哇」出聲音的表情還歷歷在目。
這些看似為別人所做的一切，其實都是為自己而做的。
因為你要、你願意，你就會做出能夠與他人共享的事，
也許，你的所作所為，與你共享之人會覺得是為他而做，
但是，這就是「共享」的精深微妙。
因為你做了，
所以才能達到分享、共享的結果。

粉紅 哇！

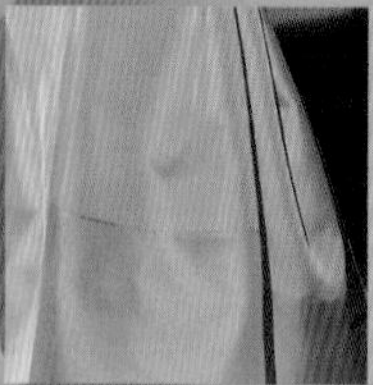

配色事典　　粉橘／膚粉紅

配色事典 粉紅／黑／白

粉紅建築

那天，經過慶城街口，看到一家使用桃粉紅光圈框住整棟大樓的旅館，路人一看，很容易就辨識出這是一家love motel找愛的場所，而這份情愛無論是新鮮的愛、短暫的愛、無恥的愛、見不得人的愛，或是老夫老妻前來創造刺激、加溫愛情、尋求鮮活感，甚至單身男女獨自體驗一番，也沒什麼不好，這是屬於感官情愛的粉紅建築。

另外，出外旅遊時看到外觀全然粉紅的建築物，會帶來輕鬆愉快的感覺。從建築理論來說，建築所使用的素材幾乎都來自於大自然，所以，我們常說，什麼樣的環境培養成什麼樣的人，人跟環境的關係太密切了。在地中海、西班牙，為何觸目所及都是帶有粉紅色的建築物？這是因為當地的人文風土、地理環境所造就出來的氛圍，在一切取之於大地的情形下，它形成了一個自然而然的存在。所以，一棟粉紅色的建築出現在法國南岸，人們不覺得奇怪，甚至前往當地旅遊時，即使眼簾中並未出現實際的粉紅建築物，整個環境仍然會帶來一抹粉紅光暈的浪漫，讓旅人自然放下所有煩擾。

粉紅滋味

粉紅酒

粉紅酒的命名大多與它的實質顏色有關，大眾最為熟悉的，當推具有慶祝感覺的粉紅香檳，當它被傾注到杯中時，現場迅速揚起歡樂氣氛，而女性品酒時，無論是點上一杯具有粉紅名字的調酒，或是啜飲一口帶有粉紅汁液的酒精，那種微醺的氛圍，同樣反映了粉紅色應用在飲食上的浪漫感覺。

配色事典　淺粉紅／灰粉紅

粉紅色的時尚潮流
已然蔓延在日常生活中。
每次出國，
我總是喜歡逛逛國外的超級市場，欣賞洗髮精、
保養品甚至洗衣粉包裝上無所不在的粉紅色時，
簡直讓人目眩神移。即使是國內的便利商店，
同樣不乏瓶身是粉紅包裝的飲品。
好比有一款專為女性量身打造的四物飲料，
透過粉紅色的瓶身訴求，讓消費者彷彿在粉紅魔力的召喚下，
深信喝下它之後真的能夠得到好氣色，這就是粉紅行銷術！
市面上有愈來愈多以草莓調製而成的糕餅、
飲料、慕絲、糖果等秀色可餐的食品，
仔細研究，不難發現草莓的外表原本是紅色的，
但是，無論是透過「共」、「和」、「搭配」或「調」的過程，
草莓一旦與他種食物混合後，就會出現被調勻、包容的粉紅色成品，這就是溫柔共享。
草莓滋味所以具有無與倫比的粉紅甜美力，
原因在於它單吃時雖然酸澀，甚至有些人還對它敏感，
但是，只要添加適量的蜂蜜或牛奶，原本對草莓過敏的人，
反而在吃下草莓糖果後相安無事，那是因為草莓原本可能的酸澀被中和掉了。
我們品嚐草莓的最佳時機，應該是在略顯粉紅色時下手，
因為太過青澀的草莓通常會太酸、過硬；而大紅的草莓則是趨近腐爛的熟透邊緣。
這個情形就如同愛情不能相互牽絆得太緊，以至於失去彼此呼吸喘息的時間和空間一般。
同樣的，人與人之間的關係也不能過於緊繃，
相互有意見時，表達上要適可而止，
一旦衝動地把話說盡，往往就覆水難收了。
所以，凡事保持一份粉紅情結，
並且儘量延長這份粉紅心情的時間，
同時記得在它就要出現偏深紅的熟透色
而變得無趣前，
調入一 些牛奶、蜂蜜進來，
確保粉紅的新鮮度，
如此一來，自然可享受
神奇的粉紅力量。

粉紅就是美味

細數美食界一連串的粉紅食物，從生魚片、龍蝦、草莓、覆盆子、調酒、優格、棒棒糖到我特別喜歡的粉紅色葡萄柚汁，它們在生活中經常留下令人讚嘆的記憶。舉凡粉紅色的食物總是多了幾許甜味，因為大自然早已設定且證明了這樣的粉紅定義，因此，自然教導我們，要辨識食物新鮮與否，就看它的粉紅程度。

好比新鮮魚肉本身便是粉紅色，而略帶粉紅的草莓也是滋味最甜美的時候，甚至到餐廳享用羊肉，服務生問客人要幾分熟時，老饕們都知道pink的熟度是最鮮嫩的好味道，從來也沒有人說red或blue等其他顏色。可見自然提供我們的粉紅食物就是最美味健康的食物。

有一次，和朋友相約喝下午茶，大夥兒閒聊之際，我的視線突然掃描到鄰桌女孩的一盤粉紅義大利麵，當下，我的腦袋馬上產生一個疑問，這盤粉紅麵的素材是什麼？一般人都知道粉紅冰淇淋的原始色調來自於草莓，那麼，粉紅麵呢？平常，我們看到一碗普通麵時，通常不會有那麼多的聯想，但是，粉紅力常常會勾起人們的好奇心，它的魅力就像黑色和白色一樣大，持續存在於古今中外，只是，經常容易被人忽略罷了。

每個人的粉紅食物經驗太多了，它不像黑色，最常見的就僅有墨魚汁而已。走一趟超市，舉目所見的新鮮肉類，幾乎都略呈粉紅色，而日常生活中食用的水果，或是天上飛的、地上走的、海裡游的，甚至可入菜的花朵，只要是新鮮食材，沒有一種不帶有粉紅色的。

配色事典　粉紅／黑色

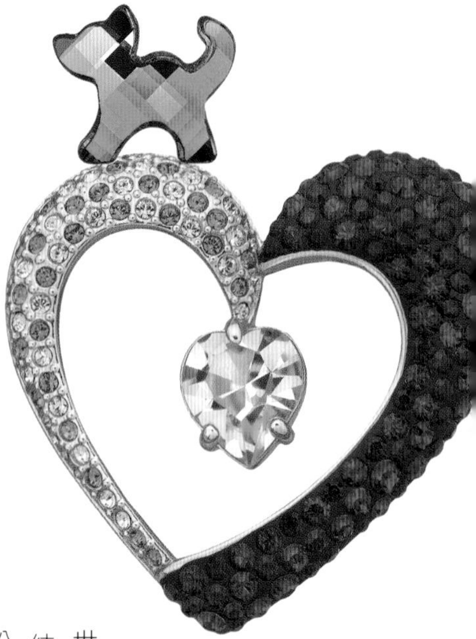

造型物的粉紅歡樂

從早期好萊塢老電影中經常出現的粉紅色毛毛球拖鞋，到全世界蔚為流行且註冊商標的粉紅豬、粉紅狗，以及有著粉紅蝴蝶結的米妮、身著粉紅紗裙的芭比和經常粉嫩一身的Hello Kitty等，粉紅造型物所創造的粉紅魅力，已然成了無處不在、歷久不衰的歡樂image，以至於無論男女老少，只要看到眼前出現一個粉紅造型物，幾乎每個人都會情不自禁地在心底或嘴裡發出一句「哇！好可愛」的讚嘆。這就是粉紅力！

一隻粉紅豹為何較傳統豹多了些許魅惑，甚至成了粉紅造型物的經典代表？原因便在於它多了一些粉紅色，使得視覺焦點如射中粉紅紅心一般，瞬間為之一震。

粉紅就是delicious，就是新鮮可口！從「民以食為天」的感官經驗，讓人們很自然地知道粉紅色的新鮮食物代表著健康，而剛出生的嬰孩身上略帶粉紅色的細緻皮膚，意味著充滿無限希望和未來的生命。

當味覺或身體的記憶對粉紅物件擁有美好經驗時，一旦視覺焦點接觸到一個粉紅造型物，這時，記憶體便很自然地聯結了過去平等、美好的經驗，無論腦海中的畫面是兒時被擁抱、撫觸及關注的歡樂時光，或是兩性肌膚之親、朋友間的相互擁抱，甚至社交禮儀中的臉頰之親等，一個個畫面必然充滿著當事人或參與

配色事典　桃紅／粉藍／粉綠

者「和顏悅色」的光暈，而這種「和顏悅色」，其實就是粉紅色。

粉紅造型物所以具有無遠弗屆的歡樂力，以及歷久不衰的魅惑力，除了來自於本身模樣可愛外，更重要的精神在於它能夠喚起人們腦海中溫柔美好的記憶，無論那些回憶是享用一頓鮮嫩可口的美食，或是象徵濃濃愛意的一場肌膚之親，只要它們具有粉紅色的共同特徵，永遠都能像歡樂製造機一樣，為大家創造更多delicious的記憶。

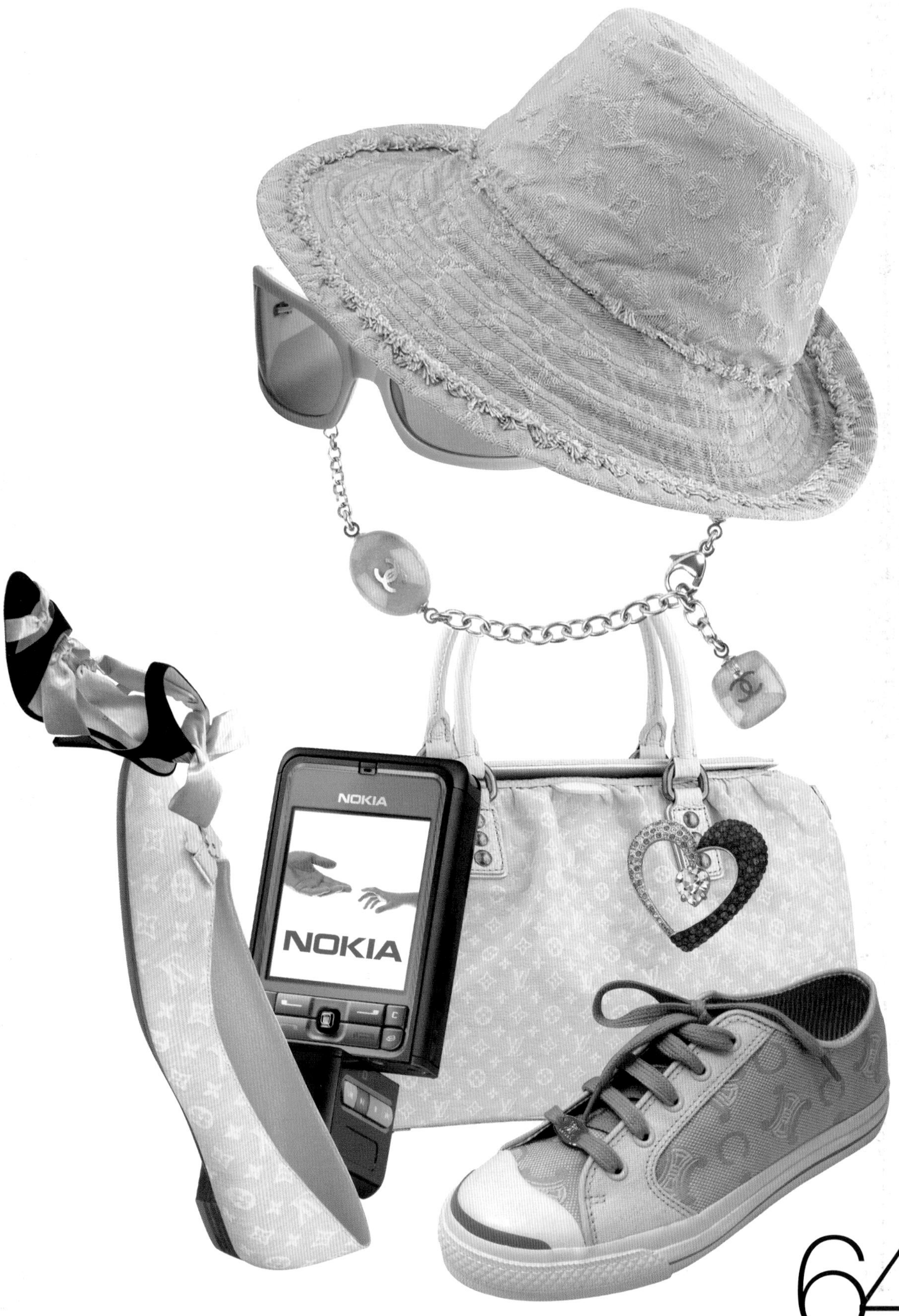
NOKIA
NOKIA

配色事典　粉紅／鐵灰／粉桃紅

一天，我和朋友在上海某家餐廳吃中飯，
當我們準備結帳離去時，
在餐廳櫃台上放了個小盒子，
盒子裡裝滿五顏六色的糖果，
這些糖果是客人離去時，可以自行挑選的小玩意兒。
面對琳琅滿目的各式糖果，
我直覺的反應是，
如果糖果必須在舌頭上留下色素的話，
那麼，我希望它顯現的是粉紅色。

粉紅糖果

而且，抱持著善待自己，同時也要愛護他人的心意，
我進一步想到，
既然自己不希望舌頭留下藍、綠甚至黑色的痕跡，
當然也不希望別人因為吃了我的糖果
而在舌頭上留下不美好的顏色。
因為這樣的心思，
最後我裝滿了一盒純然粉紅色的糖果而離去。
雖然我不喜歡吃Buffet，
但是，因為餐廳這份貼心安排，
下次有機會，我願意再度光顧。

01

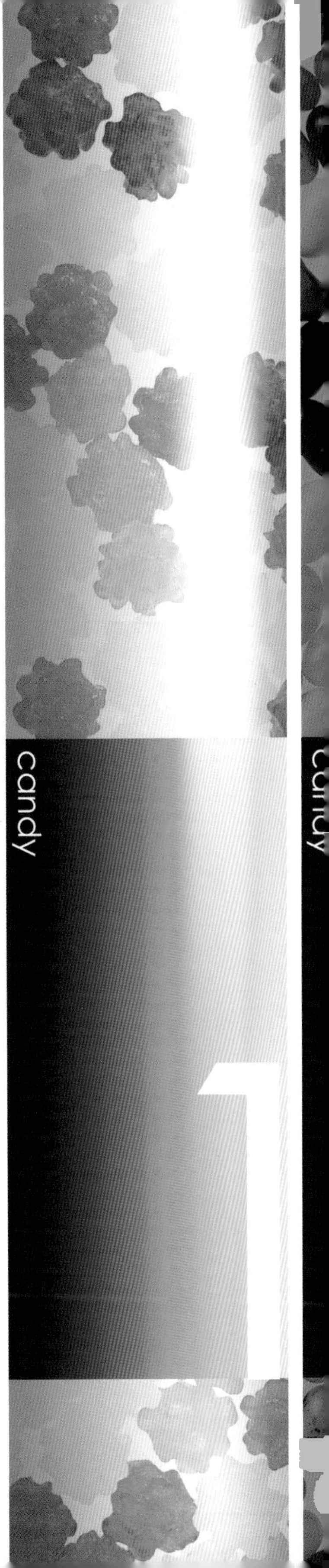

PINK POWER

IN YOUR MIND

心靈粉紅力

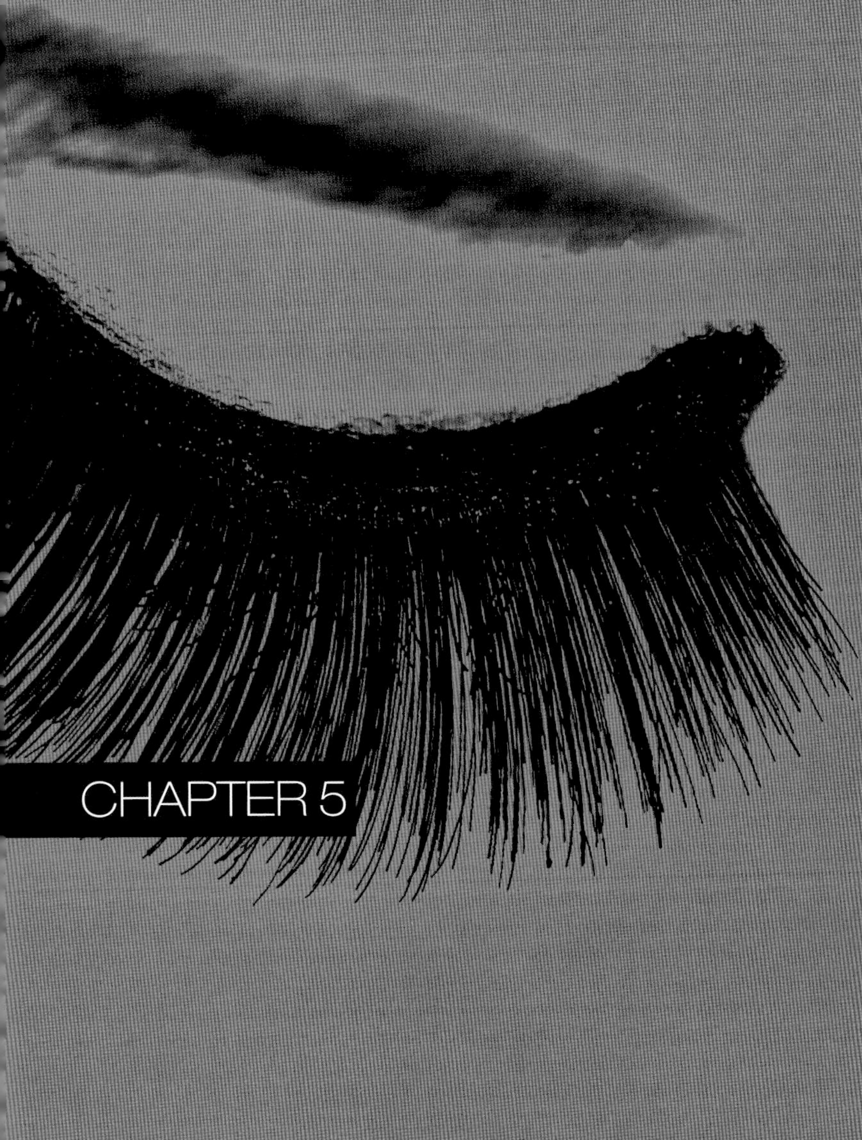

CHAPTER 5

親情粉紅唸

我的粉紅初體驗來自於小時候，媽媽常常使用Johnson Johnson粉紅色瓶身、同時帶點粉紅色的乳液擦拭在我身上，直到現在，洗完澡後，馬上擦乳液成了我從小維持到現在的習慣。這個動作就像沐浴後穿上第一件衣服一樣自然。

有了一對女兒後，我一樣從小為她們擦乳液，那種一面溫柔地擦拭全身，一面講故事的肌膚之親，發展到現在，每當孩子回國，我們母女三人聊天時，常常伴隨著彼此東擦西抹的舉動。特別是她們每次回來，最享受的事情就是我為她們擦油按摩，或是教她們做臉時，兩個女兒總會像個小貝比般讚嘆表示，「喔，好舒服喲，媽咪！」那真是親子間最親密的事情。

當我在幫她們按摩的過程中，往往會嫌她們哪裡沒有照顧好，哪裡該加強保養，假使她們面露不耐，我就會理直氣壯地表示，現在她們看到我的時間那麼少，我不逮住機會叨唸才怪呢！這是一種「粉紅唸」，當嘮叨可以變成粉紅唸時，不但讓人備感貼心，而且，做母親的我似乎更可以無所忌憚地唸到兩個女兒再對她女兒叨唸為止。

我的媽媽雖然已離開人世，但是，我從來不把這種離開當作是死亡，我覺得自己只是看不到她罷了，就像兩個女兒雖然到國外求學，我也從不認為她們不在我身邊，因此，看到適合她們的小包包、小禮物時，我依舊會買上兩份，回到家，各自往她們的床上一丟。所以，每次孩子回國時，樓上、樓下兩個房間就會斷斷續續傳來此起彼落的「喔！媽咪」的聲音，那是她們每拆開一份禮物的驚嘆聲。

這麼多年來，我不曾因為孩子來到世上而停止工作，只是，在她們小時候，工作和家庭的比例有所調整。然而，隨著孩子愈來愈大，家庭和工作的比例差距也愈來愈小。

我常常告訴孩子，只要你們清楚自己在做什麼，無論你們想做什麼，媽媽都不反對，這個道理也是我的媽媽給我的教育。她常常提醒我，人生一定會有喜怒哀樂，但是，悲傷時要知道自己為何悲傷，哭泣時要明白自己為何哭泣。最

配色事典　粉橘紅／深卡其色

怕的是永遠糊裡糊塗過日子或總是後悔的人，永遠不知道自己究竟在做些什麼，儘管人生難免會有後悔的時候，但至少要知道自己為什麼後悔。

受到媽媽影響，我也是這樣如法炮製地教導孩子，我告訴她們，所有事情都不要別人逼你做而做，也不要被別人勉強你。這就是為什麼對於兩個女兒該唸哪所學校、想唸哪所學校，我從來不花一秒鐘干涉，而要她們依自己的興趣去選擇，畢竟人在面對事物時，唯有充滿熱情才能學得好，學得深，用得到。

有時候，她們回來度假，和朋友相約晚上十二點到夜店玩，我也是一派「拜，我睡覺了」的自若反應，甚至偶爾她們玩到清晨，大夥兒吃過早餐才回家時，還會打電話問我，要不要為我帶早餐。對我來說，只要一切安全，時間不是問題，也許，有人會問，我這個做媽媽的怎麼知道一切安全？我只能說，如果到現在我還沒有教會她們做好安全方面的把關，那我真是徹底失敗了。這是一種相互信任。假設現在她們犯了錯，那麼，我會說，「妳要自己負責，因為妳已經是大人了。」

現在，兩個孩子在國外生活，我們經常在通電話時，彼此透過一句「妳好嗎」的口氣，感覺出對方的心情和感觸，只要有任何不對勁，接下來的一句關懷問候，馬上就能毫無阻礙地溝通分享。

粉紅記憶

我給兩個女兒的粉紅經驗應該從食物開始談起。

在孩子學會以語言說出自己的選擇前，我向來不太讓她們吃甜食，因此，直到兩、三歲後，她們才開始嚐到「甜頭」，至於之前的甜食經驗都來自於如水果類的天然食物。現在，雖然她們離開我身邊出國唸書，但是，只要回台灣時，無論冰箱裡的糖果或巧克力等甜食，她們想吃之前，一定會先問我，「媽咪，可不可以吃巧克力（或糖果）」。我們都知道甜食對身材有一定的威脅性，所以，這種無形中創造出來的自律和自制，對女兒其實有著正面幫助。

從小到現在，她們同學都知道我這個媽咪很幽默。由於兩個女兒出生在同一月份，每年，我都為她們一起辦生日party。到了當天，家中會來了幾十個小朋友，而我這個多多益善型的媽媽，常常準備了一大堆食物，派對開始前，就會一一告訴這些孩子，這是長胸部的食物、這是長屁股的食物，而長屁股的食物常常都是大家認為最好吃的種類。就這樣，孩子在寓教於樂的方式中學會了辨識食物。但這並不代表她們都能抗拒得了誘惑，所以在「禁」與「教」間保持彈性的平衡

配色事典　粉橘紅／蛋黃色

是非常重要的事。

在party舉辦前，我還會帶著女兒一起做點心，買一些具有裝飾性的小粉紅心、小餅乾或小巧克力放在自己烘焙的餅乾或蛋糕上做裝飾，除了在聚會上享用外，我會用粉紅色六角網紗、糖果紙及粉紅絲帶包裝一些糖果、餅乾類的小點心，讓每位小朋友回家時能夠人手一包地作為甜甜的小禮物。

女兒長大後，當同學生日時，她們會自動為朋友烤餅乾，我想，這是我送給孩子最好的粉紅禮物。因為我從小帶著她們烘焙，長大後，她們也懂得為別人付出心力，甚至如當年一般為朋友的生日禮物包裹上層層次次的粉紅網紗，那份甜蜜的心、甜美的表達，就像糖果一樣甜蜜了他人的心情、粉紅了他人的視覺，讓接收到禮物的對方，所有感官都沉浸在粉紅甜蜜中。

有了美好的粉紅初體驗後，包括她們的內衣、襪子、鞋子、小包包等，也會出現一些重點粉紅色系。記得她們剛開始接觸口紅時，基於工作所需，我常常帶上一大把唇彩回家，結果，最受兩個小女生青睞的永遠都是粉紅色的唇彩，這就是女性天生具有的粉紅情結。

不僅如此，由於我會把所有指甲油放在一個大盒子裡，而且，顏色、種類之多，從鮮少人敢用的黑色、百貨專櫃的大名牌到路邊攤不知名的產品，可說應有盡有，但是，當她們開始對指甲油和指甲彩繪產生興趣時，經常被拿出來使用的永遠都是粉紅色系那些瓶瓶罐罐。

到了孩子們上幼稚園、小學後，我們家就開始出現更多的孩子。常常是娃娃車一路送到我家，便同時進來了好幾位小朋友。那時，為了讓孩子們自由揮灑，我在她們兩人的臥房裡各留了一面可供自由塗鴉的牆，甚至她們都畫上了天花板時，我也只是淡淡地說了句：「妳們只要注意，不要摔下來就好了。」於是，孩子們就在保母的照顧、保護下，享受著自在塗鴉的童年。

我記得當時每天下班回家後，就會帶著欣賞的眼光看著孩子們的畫作，我發現其中有很多粉紅色的可愛蝴蝶結、熊熊、貓咪等動物，如今，我很後悔當年沒有每天拍照，錯失了留下天真童畫的機會。如果有家長看到這本書，我非常誠心地鼓勵你們在家中預留一面牆給孩子，透過塗鴉過程，看看孩子想跟你說些什麼；看看孩子想發展、表達些什麼，然後，留下它們，有一天，當他們長大了，而那面牆早已重新粉刷時，這些畫作都將成為生命中彌足珍貴的禮物。

粉紅療傷

在我的世界以及給孩子的教育中，看待生與死向來是同等心情，就像喜怒哀樂、酸甜苦辣在生命中也該被同等對待一般，因為人生在世，所有事情都必須體驗、經歷。記憶中有件極深刻的事，一個自台灣移民加拿大的爸爸，因為經商失敗，在結束自我生命前，先把妻兒都殺死了，這家人中的小女兒是我女兒的同學，當時，學校處理得很好，藉由全校師生一起懷念這位小朋友的方式，讓大家的心情找到了釋懷的出口。

事件發生時，兩個女兒分別就讀美國學校小學一年級及幼稚園，當時我每個星期會前往學校一個早上，以reading mommy「閱讀媽媽」的角色，和小朋友一起唸故事。那個年紀的孩子雖然很小，但是，我可以感受到他們對整起事件的害怕和恐懼，甚至有小朋友問我，如果爸爸生氣，會不會也做出同樣事情？我知道，面對孩子的疑惑，哄騙並不能解決問題，於是，我花了很長的時間解釋、溝通。

在接下來的一個月期間，我經常帶著粉紅色的小紙片跟孩子們一起摺東西，直到現在，我仍然保留著一張紙摺成的小身體。對我來說，那些過程不只幫助孩子抒發情感，同時也幫助了自己成長。

我常常告訴孩子，不要逃避生氣，也不要害怕說出生氣的感覺。舉例來說，就像媽咪燒開水時，壺口會冒出蒸汽叫出聲響，而媽媽都會說「燙燙，不要碰」，因為開水正在告訴我們「我很熱啊，我很生氣」，所以，它用吼叫的聲音來警告大家。情緒在身體裡的反應就像開水一樣，當你很燙、快受不了的時候，如果不叫出來，不讓他人知道，就像被刻意塞住的水壺壺嘴，一定會爆掉，最後，爆掉四溢的開水不只傷到別人，也傷害了自己。台灣爸爸這件事就是因為不讓他身體裡的情緒宣洩出來，最後，被堵塞的情緒就爆破了。

當天真無邪、一知半解的孩子聽著我的比喻，看著我們一起摺成的粉紅小紙片，甚至吃著我特別為他們烘焙的粉紅小餅乾時，無助的表情彷彿有了安全感。

一直到今天，每當兩個孩子惹我生氣時，我會說，「我快受不了、快不行了，我現在非常生氣，不是妳們離開現場，就是我出去。」同樣的，當我讓她們非常生氣時，女兒也會說，「媽咪，我告訴妳，我現在非常生氣。」當下，我會問她們，那是妳們出去，還是我離開這個房間，一旦她們說出「妳出去」時，我會說，「好，我出去」，然後，離開現場的我，通常會藉由烤餅乾的過程，慢慢緩解情緒，直到餅乾的香味傳出，我告訴她們，「餅乾好了，放在桌上」，這時，利用品嚐餅乾及粉紅巧克力甜美滋味的時刻，我們彼此會暢所欲言地說出之前生氣的緣由，然後，在相互聆聽、傾訴及溝通過程中，再一次體會到粉紅這個療傷色系的莫大功能。

配色事典　桃紅／橘紅

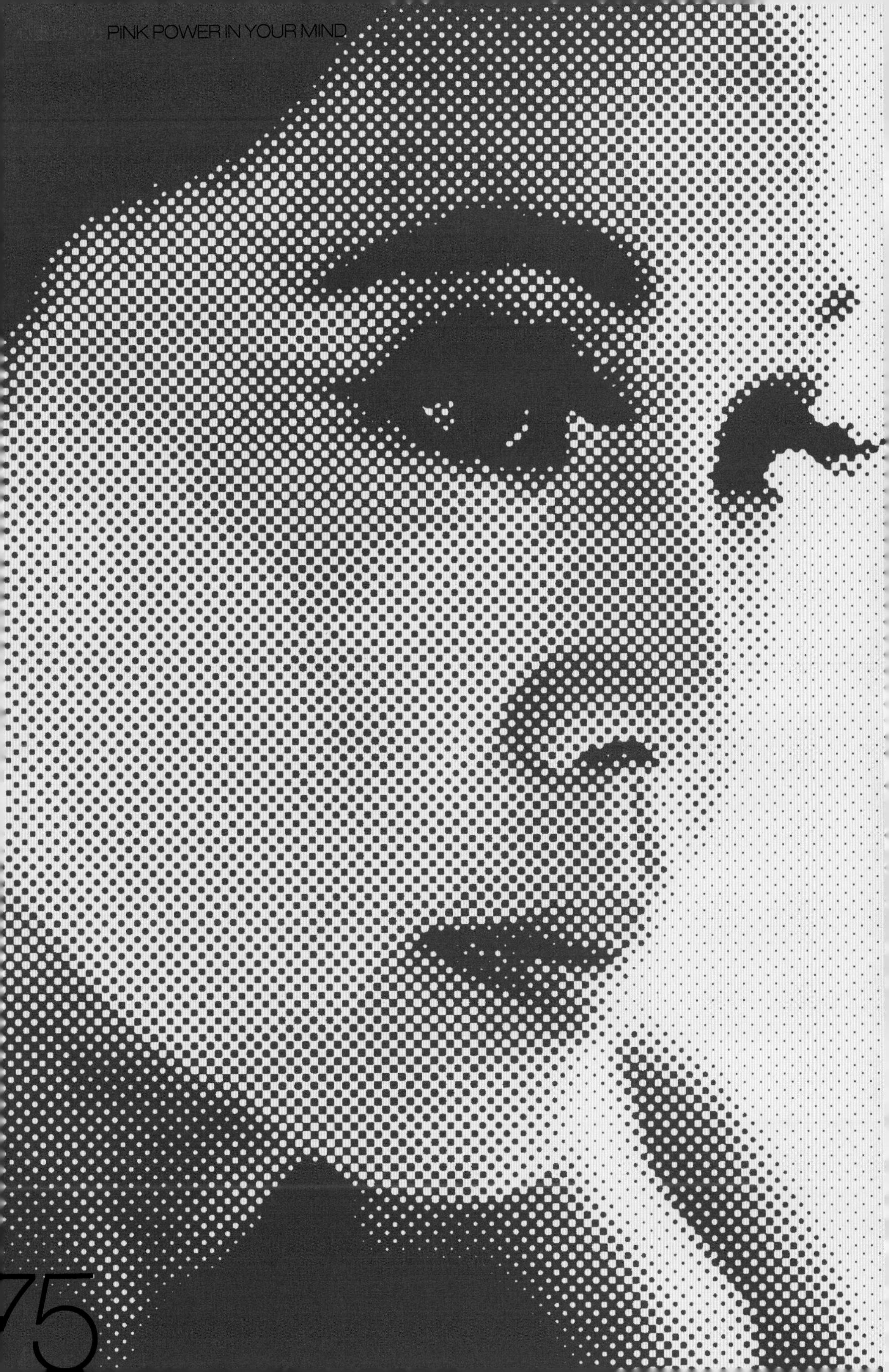

配色事典

桃紅／橘色／黑色

粉紅道歉

對我和孩子來說，每當生活中遇到解不開的難題時，記憶中那抹因由粉紅而產生的正面光暈，就會成為解題能量。一如我當初決定和她們爸爸分開時，透過密切而頻繁的溝通，我們之間沒有任何障礙。中國人常說「一切盡在不言中」，有時候某些話語可以盡在不言中，但是，有些時候，話不說出來反而會招致不必要的誤會；不說出來不知道自己有多麼不開心，多麼深愛一個人。當然，如果實在說不出來，書寫也是另一種表達方式。

那年，女兒剛學會溜冰，我買了溜冰鞋給她們，同時，提醒她們，溜冰可以，但要切記遵守安全原則，千萬不可以在馬路上溜冰，因為這不僅會傷害自己，也會傷及他人。有一天，我送孩子到同學那兒去溜冰，說好了一小時後再來接她們回家。

由於等待的時間僅有一小時，我又不想一個人喝咖啡，恰巧這時看到了附近有家美容院，索性就利用這個空檔洗頭、按摩順便修個指甲。那家美容院有扇很大片的窗子，透過窗子向外望，我看到了幾個可愛的小女孩在路邊溜冰，再定睛一看，竟然有這麼臉熟的面孔，我馬上一個箭步衝過去，笑著叫了她們，淡淡地說了句「我在對面，我覺得差不多可以回家了」。當下，對於一切了然於心的孩子，絲毫沒說「時間還沒到」之類的辯駁，只是回應「好，馬上過來」，沒多久，便拎著溜冰鞋來到了美容院。

一路上，我們什麼話也沒說，回到家，我進了房間看書，約莫過了半小時後，孩子敲敲我的房門，遞給我一封摺疊起來的粉紅信紙，我看著她的大眼睛，給了她一個皮笑肉不笑的表情。

當我打開信紙，看到孩子洋洋灑灑地寫了一整大篇，字字句句盡是我之前對她的安全提醒，她強調，她知道媽媽告訴她的一切，最後，她寫下「對不起，媽媽，我下次不會再這樣做了！」

這樣的結局，比我當場大吼大叫來得刻骨銘心。我相信自己會一輩子記得這個粉紅道歉，也深信孩子們會永難忘記那天發生的事情。事實上，那天我所以異常冷靜，實在是因為她們的行為已危險到讓我害怕，面對車水馬龍的街頭，孩子們恣意溜冰的舉止，很可能一個不小心，就發生了令人扼腕的後果，所以，作為一個母親，為了孩子的生命安全著想，我必須用非常極端的手法，讓她們永遠記得這件事。

最令我感動的是第二天，孩子的同學竟然也寫了一封信給我，讓我體會到粉紅餘波的影響力。我想，是女兒到校後和好友談起了前一天發生的事，並且以非常驚訝的口吻告知同學「我媽昨天回家後沒罵我」之類的話，於是，連同學也忍不住寫了封「昨天真的很對不起」的道歉信，一直到現在，孩子的同學雖然和她生活在不同城市，彼此仍是最好的朋友，而我也把這位女孩當成是自己女兒對待，以至於女孩的媽媽曾經對我說，「我女兒好愛妳！」

孩子的同學常對女兒說，「妳媽媽真的很酷！」即使現在她們的同學來自不同國家，我還是常常聽到其他孩子說She's so cool「妳媽媽真是個酷媽」之類的話。

粉紅分享

受到當年那個粉紅道歉的提醒，現在，與別人共處時，如果一時失控，導致場面有些緊張，我就會使用「粉紅甜嘴」的方式，拿出隨時備妥的粉紅糖果或小糕餅，向對方說句「對不起」，化解彼此間的短暫尷尬。

兩個孩子在潛移默化的粉紅影響下，有次回國時，還請我帶著她們到便利商店買了一堆Hello Kitty的糖果分送給同學，對她們來說，這是一種守信的情感，表示我雖然回來度假，卻沒有忘記你們這些好朋友。當她們東挑西選，計劃著這要給誰，那要給誰時，拿到櫃台結帳，算一算竟然也要一千多元，事後，孩子一路上不停地說著「謝謝媽咪、謝謝媽咪」。其實，這種粉紅色的分享不需要花費大把金錢，但是，甜蜜的分享卻珍貴地令人難忘。

我的生命經驗中，也曾經有過一段粉紅分享的記憶。

我有一個朋友，和我一起自國外引進了HOMEMARK卡片。在那之前，多數人送禮時，多半是拿個紙袋裝起來而已；但是，有了文情並茂的圖像或文字的卡片後，大家漸漸習慣在送禮時，附帶一張足以表情達意的卡片。

這位朋友在我生日前，刻意自眾多卡片中挑選了一張生日卡送我。記得那天我收到卡片時還想，「這張卡片怎麼那麼厚？」結果，當我一打開卡片，竟然出其不意地自手上飄落出上千顆粉紅心，一剎那間，散落一地的粉紅心勝過所有萬語千言，彷彿空氣中也波動著粉紅光暈，事後我甚至清理了好半天才收拾完畢，卻證明了那些粉紅心帶來了多大驚喜。

那天，朋友究竟送了我什麼禮物，至今已不復記憶，但是，那上千顆粉紅心的巧思以及她對我的一片心意、對我這個朋友的在乎，就像當時灑落滿地的粉紅心一般，直到今天，還讓我感動萬分。

配色事典　藍紫／草綠／粉紅

粉紅色具有無限包容、寬大及彈性的特質，所以，除了相遇愛情時，它會特別受到重視外，即使陷入悲傷、失戀狀態，粉紅色一樣能夠讓人在傷痛中看到未來的希望。

最近，我參加了女兒的大學畢業典禮，體會了一場「粉紅離別」的經驗。

面對相處四年的好友同窗，暫時離別的那一刻，女兒和朋友們雖然充滿著思念、傷感的情懷，但是，各奔前程的遠景，讓落寞氣氛多了一份無限希望。許多時候，當我們面對當下的悲傷時，不妨試著利用淺淺的粉紅口紅、T恤或是在手腕套上粉紅髮圈，一個不經意，隨性地攏上一束馬尾，整個過程，往往就會淡化悲傷的濃度和長度。

我有一個獨特的自我療癒法，而且，提供許多朋友試過，效果都不錯。那就是面對失戀或心情欠佳時，選擇一個自己喜歡的心形、蝴蝶或名字、詞語等圖騰，到刻印店刻成淡紅色的印章，每天早上，把這個喜愛的圖騰蓋在手腕心上，一個星期或是一個月後，隨著手上的印子愈來愈深，悲傷的情緒便會逐漸淡化，因為，透過日復一日蓋章的舉動，心情得到了療癒。這時，該過去的就會過去；該放下的也會自然放下。

粉紅釋懷

你也可以自己發明獨家密碼，或是像我一樣畫出一個生命之輪、一顆靈巧的小心，製成印章後，就蓋在日常生活中的信紙、備忘貼或字條上，讓無所不在的粉紅隨時呵護著好心情。

我喜歡隨意拍攝花朵，從含苞待放到凋謝枯萎的姿態，一張張放在電腦上欣賞。甚至將最近迷戀的淡粉紅小牡丹拍成影像後，存放在電腦裡，再自製、列印成信紙。雖然現今e-mail、MSN無遠弗屆，但是，喜歡寫東西、畫東西的我，還是喜歡透過聲音及文字與朋友交流溝通，因為文字和聲音透露著彼此情緒。有時候，即使只是電話中的簡短問候或書信中的字跡筆觸，馬上就能察覺到對方心情，因此，有了這些自製印章後，更能為自己和朋友增加一些粉紅心情。

配色事典　桃紅／橘黃色

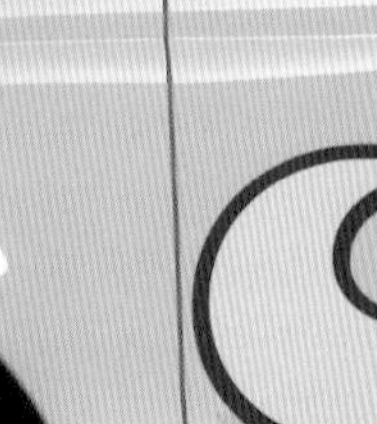

配色事典 桃紅／灰／淺棕色／紅棕色

每個人都不要忘記了，一生中的每一天、每一刻都只有出現一次的機會，浪費了就浪費了；錯用了就錯用了；白活了就白活了。這一刻，永遠都只有一次。所以，假使自己給了他人不愉悅的感覺，永遠都無法矯正了。因此，話說得好，三思而後行，話要謹慎出口。

有一次，我前往工作現場時，發現別人尚未準備周全，一進門的我自然對眼前狀態產生了不愉悅的感覺，不過，五分鐘後，我就把一切矯正過來，讓不對的事情變成是對的。假設年輕時遇到類似狀況，或許不知道自己具有足以矯正全局的能力，但是，現在的我清楚明白，人都要學習主動，當你的主動是對的時候，對應的回饋就是對的。永遠等待別人來矯正不適切的盤局，那麼，就慢慢等吧！

這裡所強調的主動並非強勢、命令、壓迫或不留任何餘地給他人參與、告知、回應的主動，而是以溫柔的力量，大家同心協力，發揮團隊精神，走出長長遠遠的路。至於溫柔的力量指的是誠心誠意的表達，絕非被訓練、被告知的溫柔。當一個人能夠自心底坦蕩誠摯地發揮粉紅力，那麼，這道光芒就會無遠弗屆。

無遠弗屆的粉紅力應該是無私共享、平和共處、有去有回的能量，就像市售巧克力為何常見以粉紅緞帶包裝的禮盒，原因即在於這是一種示意的表示，代表我喜歡你、我要給你一份不一定是愛情的情感。

這樣的體認隨著年齡增長愈來愈深刻。以前，我的脾氣很爆，現在，反而愈急愈慢，因為，唯有在心急的時候刻意放慢速度，才不至於讓情況變得更糟糕，雖然工作夥伴常說我現在更可怕了，因為慢下來的速度和出奇冷靜的態度，讓周遭共事的人處在不知所措的恐懼中，可是，每次事情獲得圓滿解決時，工作夥伴就會豎起大拇指說：「還好有薇姐！」

我常常提醒自己，一個人千萬不要因為自己所處的位置、手中握有的權力，而讓他人難做事，特別是光說不做的引導風格，只會阻斷了自己和他人的粉紅交流。

粉紅心情

粉紅好奇

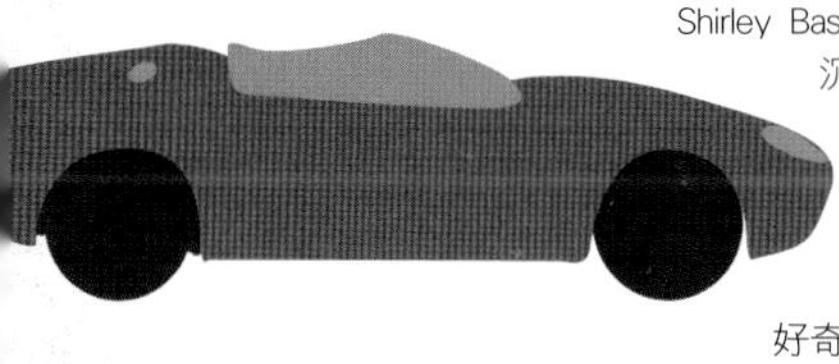

印象中非常深刻的粉紅記憶是當年我在瑞士唸書時，班上有位同學是早期演唱007主題曲的Shirley Bassey的女兒。有一次，我去她家度假，看到她媽媽開了輛粉紅色的jaguar跑車，再聽她低沉而有力的歌聲，令人好奇她深不可測的個性。說起了車子，在我家樓下停了一輛粉紅色的Benz，這麼多年來，我一直帶著好奇心想遇到這輛車子的主人。那天，終於看到了車主，結果是個個子不高的男士。

這份粉紅好奇很有趣，從來不曾遇到這位男士的我，竟然會因為被他的粉紅賓士吸引，進而對他產生了好奇心。不過，看到本人，在「喔，是他」的第一感覺後，好奇心似乎更重了，於是，一連串的粉紅假設開始出現。

粉紅提醒

日前，有個朋友一連提醒了三次我變胖的事實，當他說到第三次時，我什麼話也沒說。後來，我打電話給他，告訴他，「剛才你講的話，我聽了很不開心，但是，我謝謝你，我會記得的，再見！」五分鐘後，朋友來電表示，「原來，再親密的朋友，有些話還是不可以說的。」我說，「不用，你繼續說。」又過了五分鐘，朋友再次打來問我「妳還好吧？」我告訴他，「我現在對自己一點自信心都沒有，我覺得自己一點都不美，我不要活了！」

掛斷電話後那幾天，因為發現我不再愛自己了，因此，心裡十分清楚，這時如果再穿上一般人所謂足以修飾身材的黑色，這個顏色一定會把我殺死。所以，我特別選了粉紅色，並且帶著「粉紅自嘲」的心情，心甘情願地扮演一隻粉紅豬，同時也希望別人看到我的粉紅可愛後，能夠忽略我身上多出來的那幾磅肉，改口對我的身材說「還好啊」這種足以慰藉我低潮心情的話。這是一種心理治療的揣想。

一般人在心情不好或是不喜歡自己時，其實更需要利用平日訓練有素的那一套方法刻意自我裝扮，只是，一般人處在這個階段，往往試圖以遮掩的方式逃避現狀，最後反而欲蓋彌彰。反之，當你主動以正面的態度看待一切事物，就像「粉紅自嘲」般先自我揶揄，別人也就不忍心講出你的不好了。

一旦周遭人紛紛對你說「唉呀，你今天好可愛」、「你今天的顏色好漂亮」或「你的口紅是什麼牌子」時，經過如此轉移注意力的方式，經過耳中陸續接收到的正面稱讚，即使這些讚美都並非針對你本人而生，一樣能夠幫助你療傷止痛。沒有了傷痛，心情好轉了，自然就會少吃了。

我相信人性本善，凡事都要往正面思考，

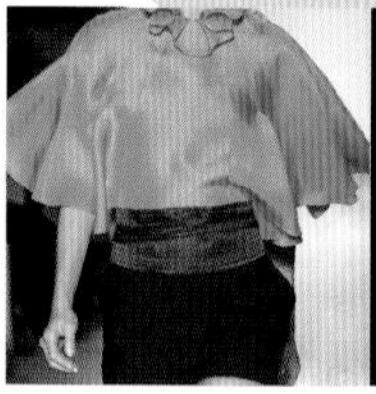

配色事典　桃紅／紫紅／黑

就算遇到再壞的事，也要努力尋找其中的光明面。不過，在這之前，我也曾有過自閉，躲起來幾天不出門的時候，我想了一想，這種鑽牛角尖的做法，反而會害了當初那個對自己誠實的人，因為他看到你的反應後，為了避免類似情形再度發生，往往會開始撒謊，所以，何必要逼迫別人去撒粉紅色的謊？人不要為了自己而害了他人，佛法常說「利他」，利他不僅是給他好處，同時還要積極避免讓他造口業。

被朋友提醒自己變胖時，就算不高興，也可以直接說出「傷人喲」的話，不過，切記點到為止即可，千萬別一再地給對方「粉紅逼迫」。記得那天，面對朋友的二次提醒，我開始自暴自棄說，「對啦，我變胖了，怎麼樣呢？」朋友於是變得有罪惡感地反問：「妳是要我以後對妳撒謊？難道妳不是真的變胖了？」我說：「我知道自己胖了，但是，從你嘴巴講出來，我就是不開心。」其實，那天是因為我在換衣服時，覺得衣服變緊了，於是，見到朋友後，主動問友人，「我是不是變胖了？」在我一再逼問下，他才據實以告。

每當我們詢問他人關於自己是否有變化時，心裡其實早已知道答案了，只是，必須一直等到從他人口中得到證實，我們才願意開始自我約束，否則，往往會帶著「明天再說啦」的粉紅明天期待，一而再、再而三地放縱自己的口腹之慾。為什麼要等到明天？人怎麼知道自己有沒有明天？特別是肥胖往往不是一、兩天累積成的，今天多吃下去肚子的食物，可能在三、四天甚至一個星期後才會出現「後遺症」，所以，常常是在多吃了一些不該吃的食物後，隔天早上，發現一切暫時相安無事時，又開始自我欺騙地來場粉紅逃避。

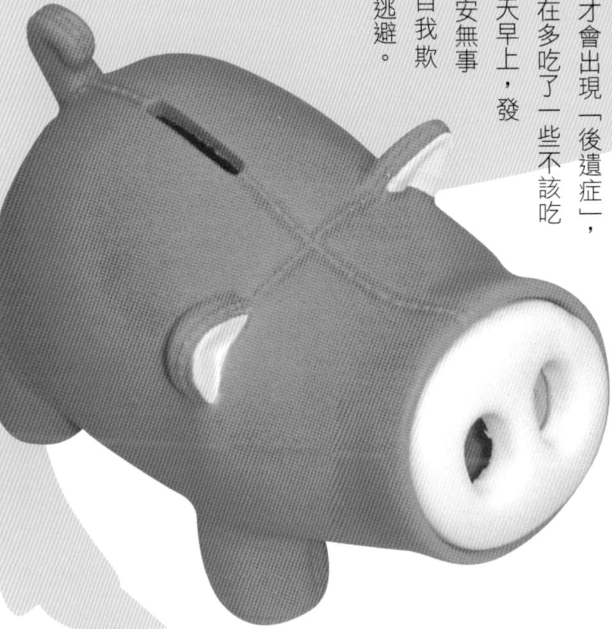

配色事典

桃紅／天空藍／亮橘／銘黃／咖啡色

粉紅浪漫情事

我想起了一個男孩子追我的粉紅情事。

在我廿多歲那年，有一天，放學後，沿著既定的路線走回家時，我看到了電線桿上畫著一顆顆的粉紅心，一路引領著我回到家，就在我滿是好奇心時，進到臥房一看，枕頭中間躺著一隻熊熊，身上貼了好大一張寫著「請檢查我」的粉紅心，我翻來覆去地尋找，終於在熊熊屁股上發現一顆粉紅心，上面寫著「請再把我透徹檢查一下」的字，最後，在熊熊心臟位置的衣服底下，發現有著被劃了一刀的痕跡，我將手伸進去，取出了一顆布製粉紅心，上面寫著「我愛你」。

正當我被眼前的精心安排所感動時，我去了洗手間，掀開馬桶蓋，蓋子後面貼了一張「我愛你」的粉紅紙條。那一剎那，我覺得這實在太好笑了。於是，打電話給那個事前到我家來佈置一切的男孩，告訴他，前面一段真的很成功，但是，最後那記回馬槍就不怎麼樣了。沒想到他的反應竟是，「我就是要故意逗妳笑的！」原來，男孩設想在我最不期待的地方展現他說笑的幽默，讓我在感動之餘也能開懷大笑。

這樣的粉紅情事，在若干年後，也發生在我女兒身上。

有個追我女兒的男孩子，原本兩人是很要好的同學，後來，各自出國唸大學，每年暑假才回來度假。那一年，就在我女兒回國前一天，男孩打電話給我，問我可否在女兒到家前兩小時來我家，面對這個我也喜歡的男孩，我的回答當然是「可以啊」。

當天，他帶來一大包東西對我說，「我希望妳不介意，我想佈置一下。」於是，他從我家門口到女兒的臥房間，一路上點亮了蠟燭，最後，還在女兒床上撒滿了玫瑰花瓣。當時，我真替女兒覺得開心，因為，有個男孩願意如此用心地對待她，只為了給她一個驚喜。就在男孩佈置完畢後，我抱了他一下，對他說「我愛你」，一直到今天，我始終把這個男孩看待成自己的兒子。

情意透過如此方式表達，女人永遠都吃這一套的。

由於每個人都有自由意識，在他人無法主導、掌控的前提下，男人必須在自動自發或是事件中的女主角讓男人有感而發，覺得一切付出和安排都有其價值和意義下，男人才會做出如此浪漫的粉紅情事。所以，女人要讓人感動，而且是粉紅式的感動，並非天天能發生的事，一生中只要經歷過一次，不但終生難忘，這輩子也就沒白活了。

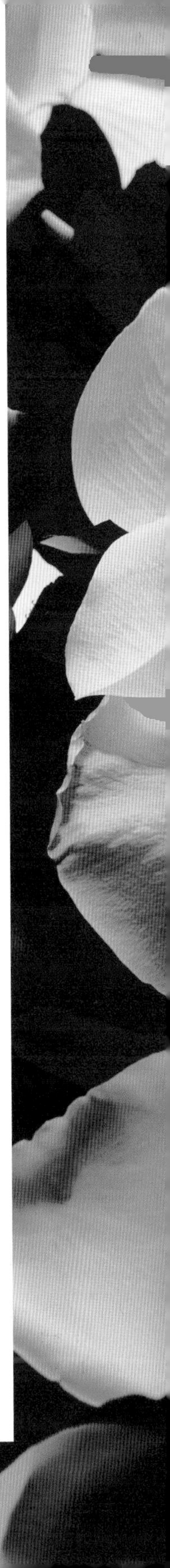

配色事典

桃紅／黑／卡其色

粉紅無邪

粉紅色總是隨時隨地為生活帶來歡喜。

那天，在充滿陽光的高爾夫球練習場，我突然與一抹粉紅驚鴻一瞥。一個全身粉紅裝束的小女孩背影，竟天真無邪地出現在屬於運動、成人以及不被期待的場所中，當下，我開始期待與這抹粉紅再次相遇。就在小女孩來回三次，一次次擄獲我的視線後，我終於情不自禁地像塊磁鐵般，被她深深吸引了過去。

人與人之間即使沒有血緣關係，甚至彼此全然陌生，但是，面對眼前無邪純真的粉紅身影，讓我忍不住想毫不保留地給孩子一個熱切擁抱。

正當我搜尋到小女孩時，她回頭對我燦爛微笑，那張稚嫩的臉龐，雖然並不美，但卻散發著純淨吸引力，特別是小女孩的媽媽要小女孩叫阿姨時，孩子甜心地喊出「阿姨，妳好」後，那猶如粉紅糖果般的聲音，甜蜜了我一整天的好心情。

當時，那甜甜小女孩的頭頂繫有粉紅蝴蝶結，我還以讚嘆的口吻説，「妳頭上也有小蝴蝶結！」而她也一派童稚地回答，「是啊！」我可以濃濃地感受到那天早晨，女孩的母親是用著如何關愛的一種粉紅心情為孩子裝扮，而孩子又是以如何愉悦的粉紅心情，洋溢在要被帶出去玩耍的氛圍中。

從色彩學分析，粉紅色不具侵略性的溫柔力量，就像一杯溫開水予人的適中感，不至於被驚嚇且接受度甚高。

國外曾經有個實驗，亦即將重刑犯、具侵略性或有暴力傾向的囚犯監獄漆成粉紅色，結果，一段時間後，這些人的心情和行為竟然逐漸緩和。就像這位粉紅裝束的小女孩只要一現身，即使平日再怎麼鐵面無私、冷若冰霜的人，一旦他們的視覺焦點與粉紅身影交錯時，就算內心並不喜歡，一定也不至於產生排斥，甚至多數人還會不由自主地多看小女孩一眼，這就是顏色對人們心情的影響。

粉紅光暈

粉紅力不只帶給個人愉悅的生活氛圍，在賞自己的心之餘，它同時也悅了他人的目，而完成一場賞心悅目的儀式後，故事還未完，那個被粉紅映入眼簾的他人，瞬間又賞了自己的心，如此良性循環，造成了粉紅力的「蝴蝶效應」。

就像一個人稱讚了穿著粉紅色的你，而你給了對方一個燦爛甜美的微笑，或是說了聲「謝謝你」，這時，讚美你的他，心性愉悅度也霎時加了分，因為他的不吝嗇帶來了你的開心回應，於是，他的腦海中便充滿著你巧笑倩兮的粉紅光暈。

就像我今天的內衣是件粉紅豹紋的款式，穿上它，內心禁不住因為這樣的小性感而歡喜了一番，甚至自我讚美地說了句：「嗯，這隻粉紅豹不錯！」再看看身上這件外套，嚴肅的藍色條紋西裝款，內裡卻襯上了粉紅緄邊，這種出其不意的組合，就是我當初所以會喜歡這件衣服的原因。

無論是穿著、對外的職場或對內的居家，當女人實在有太多、太大的空間足以自由揮灑，而一個家若缺少女性所發揮的凝聚力，就不可能成為一個牢不可摧的家。因此，每當有人問我下輩子要做男人或女人時，我總是毫不加思索地回答「當然做女人！」這樣的答案不只在男女平等的社會是如此，就算回到傳統農業時代，女性必須足不出戶地在家裡從事女紅，我一樣甘之如飴地當女人。想一想，能夠理直氣壯地待在家裡，毋需為了生活在外奔波，那是多麼幸福的一件事，而締造幸福的關鍵就在於安然自若的身心狀態。

我認識許多醫學院的教授、研究院的博士或大企業的董事長，跟這些人在一起時，只要氣氛是輕鬆的，每個人都會情不自禁地快樂起來。我就不相信有天生不喜歡笑的人，也許，受到環境影響或個性使然，導致一些人不輕易綻放笑容，但是，只要周遭環境夠自在，凡是人，絕對會笑，而且也愛笑。

以此比喻回歸粉紅層面時，當一個人的心中泰然自若、隨遇而安，或是具有一定專業長才時，面對粉紅力，自然會張開雙臂迎接。除非是無實且虛的人基於對「洩」的害怕，擔憂自己無法被保護，以至於不敢親近足以彰顯個人溫柔感性面的粉紅色。

配色事典　桃紅／藍紫

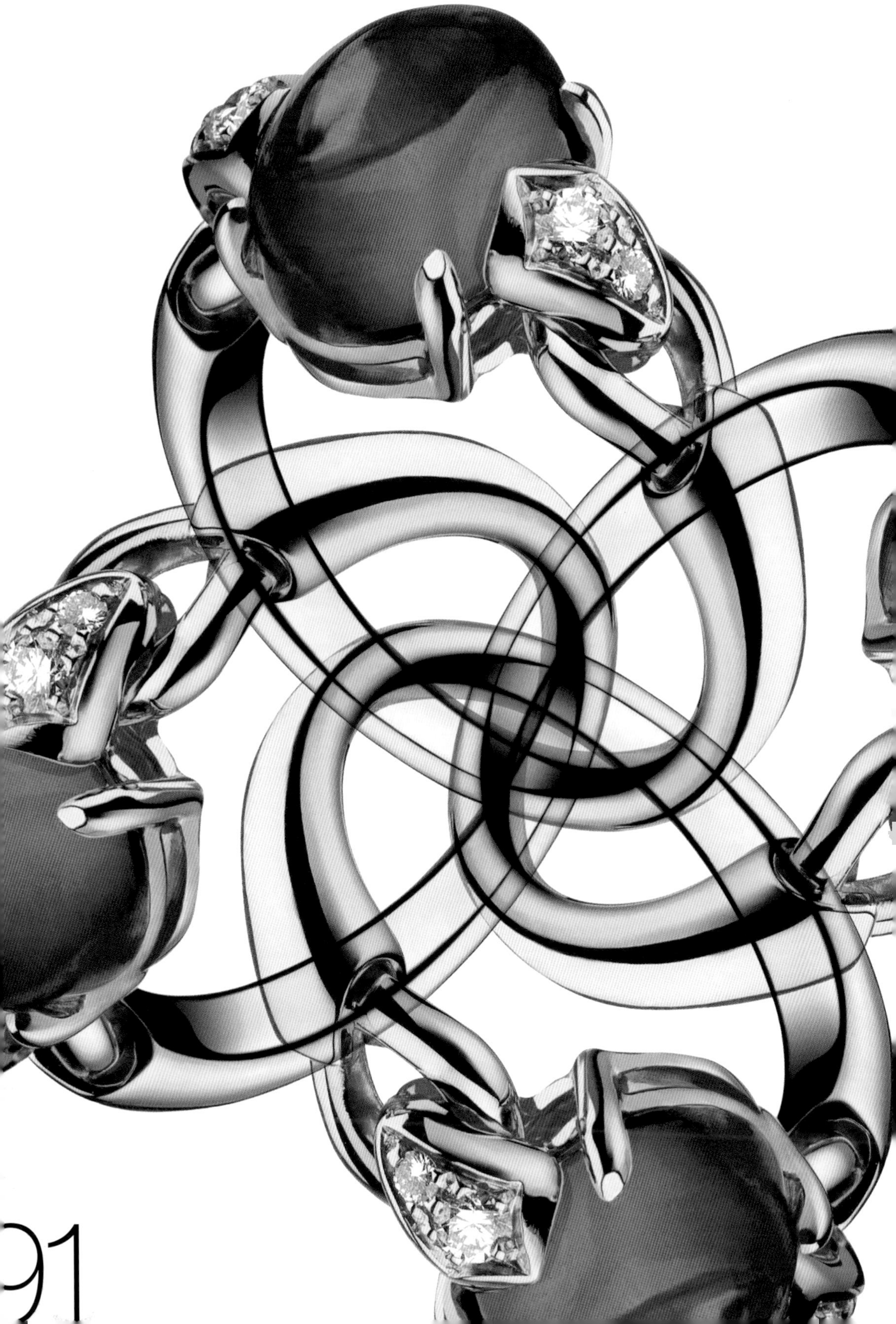

終。止。粉。紅。約。

那一年，我決定不再續婚姻這場粉紅約，但是，你問我對於不再續約要不要負責任，我會說，我絕對要負責任的。

那時候，我的思想不像現在這麼包容豁達，再加上實在太忙了，很多事情總是抱著「明天再說」、「算了，別講了」或是生對方悶氣的消極態度，當這種彼此不溝通的時間長達一個星期時，即使嘴裡不說出來，自己的腦子和心眼其實並沒有停下來，而是不斷地在心底醞釀負面情緒，到最後，反而與事情原本的狀態產生了非常大的偏差。

有時候，明明剛剛走出辦公室時，被同事不小心弄了一下、說了一句而不爽，甚至根本就是自己忘了吃東西，血糖過低，而非不爽對方，但是，兩個人見面時，在能量是低的、對一切沒什麼興趣的情形下，還是擺起了臭臉，造成了彼此間擦槍走火的局面，甚至在心底嘀咕了一句「你幹什麼呢，你？」然後，對方整張臉也跟著不甘示弱地臭了起來，就這樣持續了兩、三天，慢慢的，一個月再多幾次這樣，時間一久，也就不想再見到對方了。

假使原本是夫妻關係的兩人，這時候，每天晚上，很可能是背對著背，心裡狠狠撂下一句「不要碰我」，然後自顧自地睡覺，甚至還因而導致分房的後果。

終止那段粉紅約定後，我改變了很多，人總是必須從錯誤中學習成長，下一次就能避免再犯同樣的錯誤。儘管對大部份的人來說實在很困難，但是，這也是為什麼我們要讀這麼多書，要聽這麼多人說，要每天不斷地自我反省對待的原因。

一般人老是在同樣的問題上出錯時，通常習慣先想到別人有什麼問題，現在的我，如果在某

配色事典　豆沙紅／紅

段期間總是跟一個本來很好的同事或朋友不開心時，我一定會主動問對方，「你覺得我最近是不是有什麼問題？」「我是不是最近脾氣特別不好？」「那你覺得我脾氣為什麼不好？」對方可能會說，「妳看，妳沒事就喜歡這樣！」或是「黃薇，妳老是吃東西不定時，不定時吃東西當然血糖就低，血糖一低當然就易發脾氣。」也許，朋友會表示，「妳沒有問題，但是我最近太忙了。」或者「我最近身體老覺得不舒服」，甚至「妳沒什麼毛病，問題是我啦」，無論如何，主動且積極地找出不開心的癥結所在，才能真正解決問題。

其實，我的基本個性原本就是如此，所以，即使現在主動詢問對方後，不管朋友的結論是什麼，我從不會因此生氣或更不高興。只是，年輕的時候嘴硬，遇到和別人不開心時，不是消極地對問題視而不見，就是一個人繼續生悶氣，到最後，彼此在「受不了」的情形下相互逃避、躲開，一切問題終究都無法解決。

什麼叫粉紅力？

這就是女人真正的粉紅力！帶著最大的包容、體諒和尊重善待別人，也善待自己。

就像我認清到粉紅的力量，於是，基於共享的心，我想寫這一本書，因此，在沒有任何勉強的意思下，你可以同意，也可以不同意；可以友善地說「也許喔」、「真的耶」，也可以在看後一笑置之地表示「胡說八道」，或是「什麼粉紅力，算妳會掰，也可以這麼說啦」，也許，你會深感同意地強調，「真的喔，每次我用粉紅色的口紅，人家都稱讚我比較漂亮！」甚至你恍然明白，「我就說嘛，那天吃的那塊肉顏色不對，所以我拉肚子了！」只要書中的一個東西引起了你的共鳴，那就OK了，因為這是非常個人的選擇。

粉紅力會讓自己開心，也會讓別人愉快，當大家都覺得很舒服自在時，也就是無所不在的粉紅力散發最大光暈的時候了。

配色事典 桃紅／黑

粉紅新生

身體上的任何創傷或割傷等傷口，剛開始癒合時，通常都呈現粉紅色澤，粉紅是一種「初生」，表示一切往正面的、好的方向發展。對我來說，每一種破壞後的新生都屬於粉紅色，因此，舉凡令人振奮的、勵志的、提供力量的書或音樂，基本上都是粉紅色的，無論在生活中懷憂、愛情中喪志、事業中失敗，粉紅色都能幫你站起來，讓你重新出發。甚至激昂的軍歌聽來其實也是具有鼓舞團隊發憤圖強的粉紅紀律，只是這些粉紅色具有不同溫度而已。

兩性剛開始進入戀愛進程時，彼此間毫無任何惡形、惡狀、惡言，此時，未遭破壞的新生愛戀是粉紅色的，而新鮮食物在沒有惡臭、惡味、惡覺時，通常也呈現淡淡的粉紅色，甚至鮮花在略帶粉紅狀態時，同樣相當可人，一旦凋謝失去鮮嫩的粉紅光澤時，就會黯然變色。由此可證，任何新的開始、經驗、事物或嶄新的第一次，無論看得見或看不見，都是屬於粉紅色的。

不過，從另一個角度來看，傷口剛開始發炎時，同樣先表現出淡淡的粉紅色，所以，什麼是開始？什麼是結束？粉紅色其實內化著不是這樣、也非那樣的生命意涵，提醒世人萬事萬物無來無去，一切統統沒事！

粉紅幫助

每一個女人都能使用粉紅，就算不愛碰粉紅色的衣物、不化妝，至少也可以使用一些腮紅、唇彩。尤其是相信開運之說的人，若是讓自己的印堂有一些粉紅暈，或是在兩頰、下巴上一些粉紅妝彩的話，整個氣色會明亮許多。

為什麼每個女人都需要化妝品，因為除了氣血循環甚佳的女性以及青春飛揚的少女本色粉紅外，大家都希望藉由粉紅妝彩，讓自己透出溫柔的粉紅氣質，即使是美少女、氣血佳的女人，每個月臉色較差的那幾天，總需要「粉紅幫助」來增加粉紅好氣色吧！畢竟粉嫩的肌膚或嘴唇誰不想多看兩眼，就是自己看了也會大為開心，所以，一般人以為粉紅色是少女專利，其實，年紀愈大，反而愈需要「粉紅幫助」。

粉紅幫助的目的不在於「裝小」，而是讓內心的青春或內在的甜蜜柔軟，經由粉紅幫助有所表現。我常說，不害怕使用粉紅妝色的人，通常都能保持一顆年輕、溫柔的心。

配色事典　紅／土耳其藍

LE VERNIS
NAIL COLOUR
208

粉紅音樂

什麼樣的音樂才堪稱為「粉紅音樂」？事實上，這個問題的解答無法一概而論，而是受到當下心情影響所致。例如失戀時聽到的歌曲旋律、歌詞意境，觸動了當時情緒，這是「粉紅音樂」。戀愛時，男女主角共同喜愛的某類音樂、某首歌曲，甚至男人唱給女友聽的歌，這種所謂「我們的歌」，同樣也是一種「粉紅音樂」。

粉紅音樂與音樂類型、旋律或歌詞意涵沒有直接關係，而是跟情境中的記憶有關。因此，凡是具有粉紅色溫、足以喚起某段回憶的音樂，都可稱為「粉紅音樂」。

配色事典　蛋黃色／紅

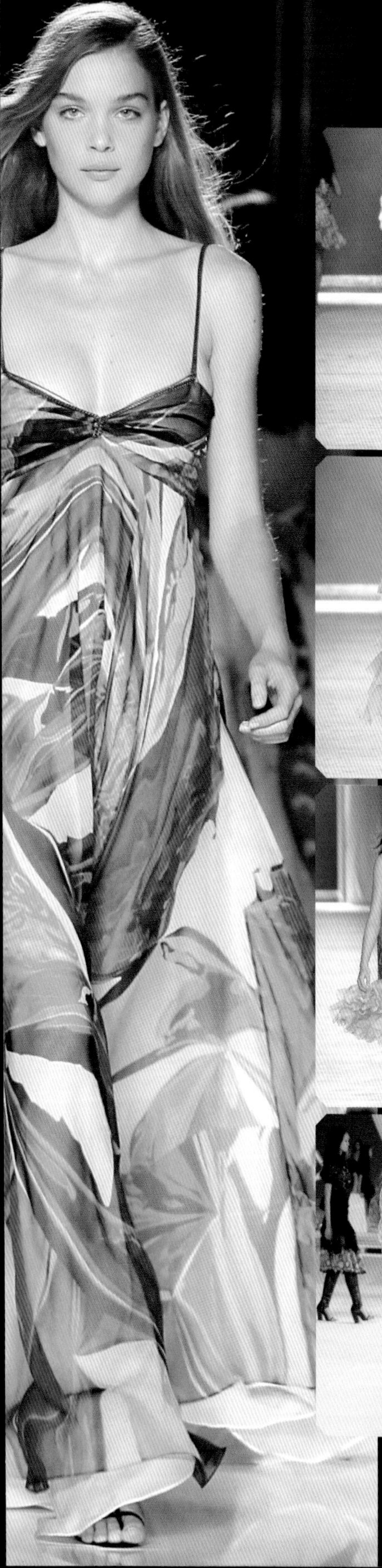

Laura

09

13

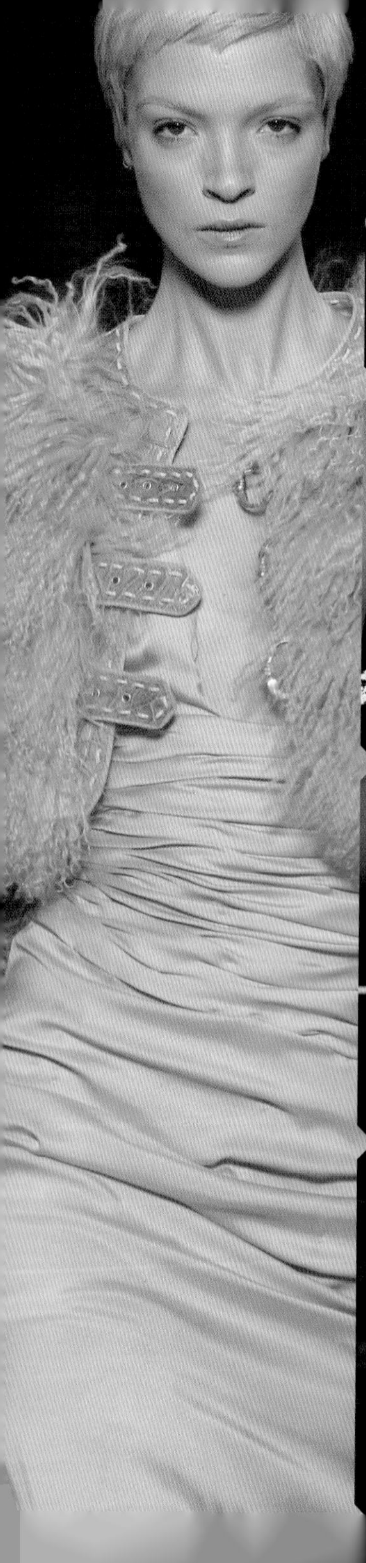

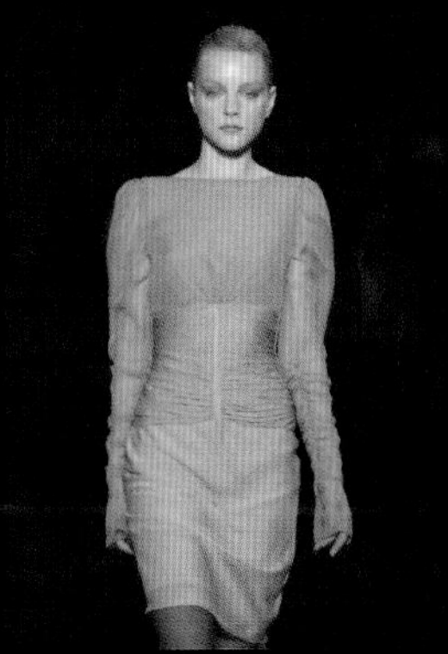

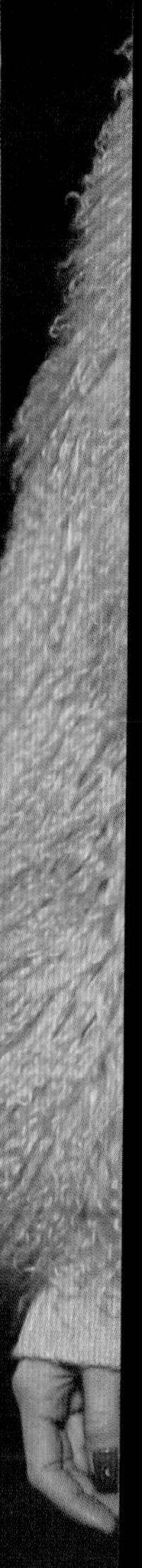

配色事典

粉紅怎麼配，百配變化多
不知道怎麼搭配粉紅色嗎？這裡有多種顏色組合供你參考
試試看
搭配出屬於你自己的粉紅力

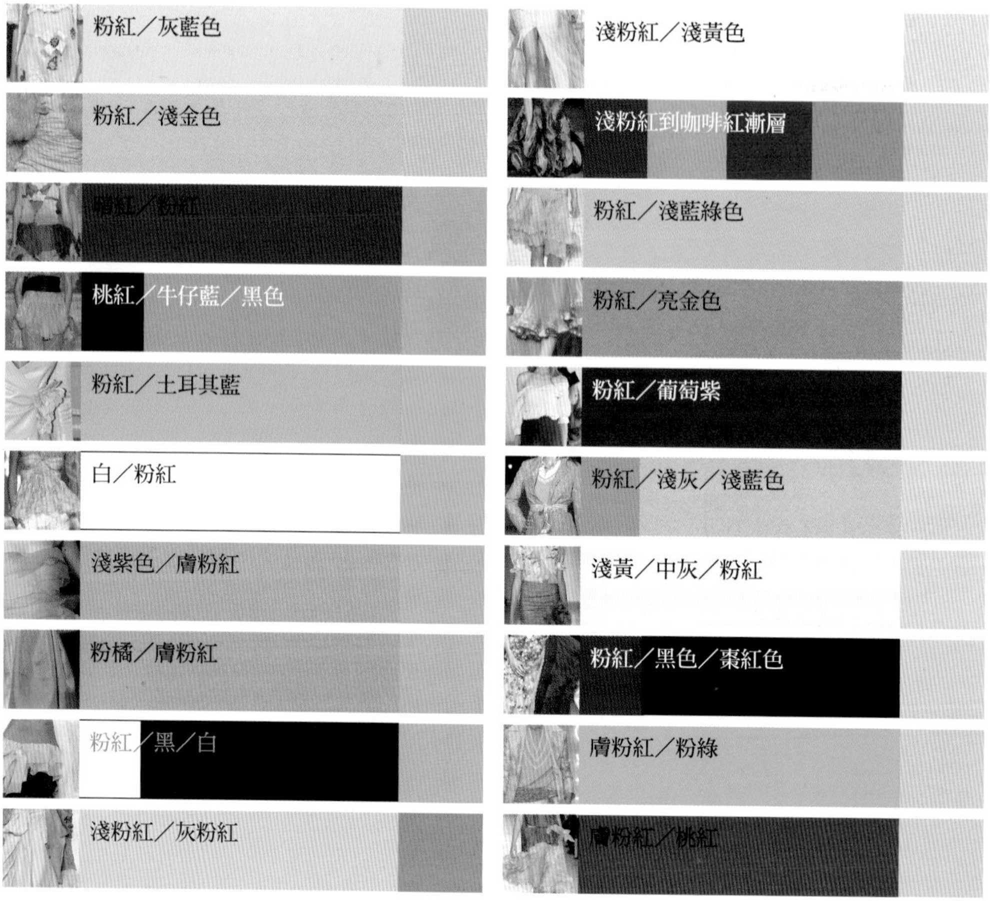

桃紅／紫紅／黑

桃紅／天空藍／亮橘／鉻黃／咖啡色

桃紅／黑／卡其色

桃紅／藍紫

豆沙紅／紅

桃紅／黑

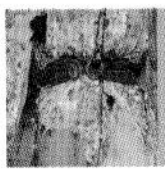
紅／土耳其藍

蛋黃色／紅

紅／湛藍

深紅／黑

粉紅／黑色

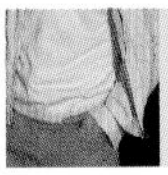
桃紅／粉藍／粉綠

粉紅／鐵灰／粉桃紅

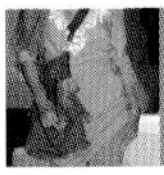
粉橘紅／深卡其色

粉橘紅／蛋黃色

桃紅／橘紅

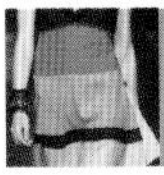
桃紅／橘色／黑色

藍紫／草綠／粉紅

桃紅／橘黃色

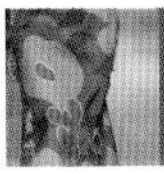
桃紅／灰／淺棕色／紅棕色

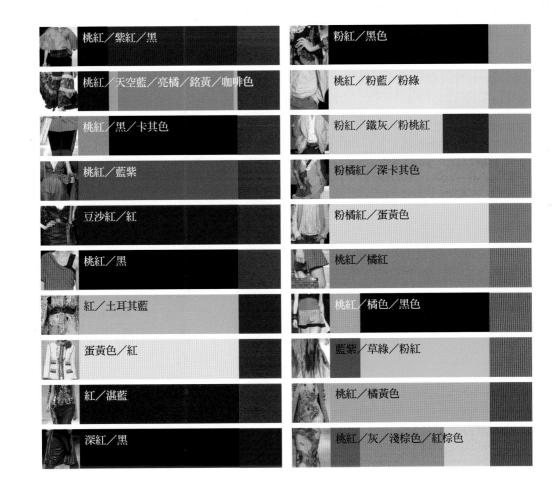

國家圖書館出版品預行編目資料

粉紅力＝PINK POWER / 黃薇著－台北市：茵山外出版：大塊文化發行，2006【民95】
面；　　公分・－（aella；5）
ISBN 978-986-6916-01-4（平裝）
1. 色彩心理學 2.色彩（藝術）
2. 176.231　　　　95017764

aella 05

PINK POWER
粉紅力

作者／黃薇
責任編輯／徐秀娥
美術設計／張淑楓 bellc1974@hotmail.com
法律顧問／全理律師事務所董安丹律師
出版者／茵山外出版
台北市105南京東路四段25號11樓
讀者服務專線／0800-006689
電話／（02）8712-3898
傳真／（02）8712-3897
電子信箱／locus@locuspublishing.com
網址／www.locuspublishing.com
發行／大塊文化出版股份有限公司
台北市105南京東路四段25號11樓

郵撥帳號／18955675
戶名／大塊文化出版股份有限公司

總經銷／大和書報圖書股份有限公司
台北縣五股工業區五工五路2號
電話／（02）8990-2588（代表號）
傳真／（02）2290-1658
製版／瑞豐實業股份有限公司
初版一刷／2006年11月
定價／新台幣280元
ISBN／978-986-6916-01-4

感謝名單／
BVLGARI
CELINE
CHANEL
Chantelle
ESTÉE LAUDER
GUCCI
Häagen Dazs
LOEWE
LOUIS VUITTON
M.A.C.
Motorola
NOKIA
OKWAP
Royal Hawaiian
SHU UEMURA
Swarovski
THE BODY SHOP
Yves Saint Laurent
台朔汽車
台隆手創館
台灣蒙地芬股份有限公司-VERSACE
永三企業股份有限公司—LACOSTE、Vivienne Westwood、Miu Miu(眼鏡)
亞洲麗達股份有限公司—LUSH
法星香水化妝品股份有限公司—ANNASUI、ESCADA、GUCCI、Mont Blanc
肯夢AVEDA
夏威夷觀光局
曼黛瑪蓮
御邸家具—Fendi Casa
新都里餐廳
嘉裕股份有限公司—Armani Privé、GIORGIO ARMANI
Henry Cotton's
瑪麗蓮

化妝師／M.A.C. 何信克
髮型師／小馬 Mark
攝影師／吳明哲
秀片提供／Angeli Photo News Agency
黃薇服裝／CHANEL(眼鏡)、Christian Dior、Yves Saint Laurent

Printed in Taiwan